도법 스님의 화엄경 보현행원품 강의

일러두기

- 이 책은 2010년도에 지리산 실상사에서 『화엄경』 「보현행원품」을 주제로 대중법회한 것을 녹취하여 정리한 것입니다.
- 이 책에 실은 「보현행원품」 경문은 광덕 스님의 한글 풀이본을 '아침에 대중이 함께하는 독송'에 맞게 거듭 수정한 것입니다. 그래서 원문과는 다르게 문장을 빼기도 하고, 여러 곳의 말을 바꾸기도 했습니다.

망설일 것 없네
당장 부처로 살세나

강의를
시작하며

어떻게 살 것인가
고민하는
당신에게

제가 걸어온 길, 제가 살아온 삶을 요약하면, '생명 평화'가 될 것 같습니다. 생명 평화의 길을 찾고, 걷고, 함께 가자고 권하는 길이 제가 걸어온 길이고 앞으로 걸어갈 길입니다. 생명 평화의 삶을 살고, 가꾸고, 함께하자고 권하는 삶이 제가 살아온 삶이고 앞으로 살아갈 삶입니다.

출가 직후로 기억됩니다. 어머님이 위독하다는 소식을 전해 듣고서 인생의 존재 이유와 가치에 대해 주체적으로 고민하기 시작했습니다. '나는 누구인가, 인생이란 무엇인가, 왜 태어났는가, 왜 살아야 하는가, 태어나기 이전의 인생은, 죽은 다음의 인생은 무엇인가, 어디에서 왔다가 어디로 가는가?'라는 존재에 대한 원초적 회의에 사로잡혀 전전긍긍했습니다. 칠팔십 년 살다가 죽으면 모든 것이 끝나 버리는 허무하기 그지없는 인생을 굳이 살아야 할 이유를 발견할 수 없었습니다. 세상 그 무엇도 의미가 없었습니다. 허무의 심연은 깊고 깊었습니다. 끝없는 나락으로 떨어지는 듯한 그 고통은 무어라 형언할 길이 없었습니다. 참으로 미치고 환장할 노릇이었습니다. 죽음보다도 더한 고통이었습니다. 무슨 수를 써서라도 인생의 원초적 회의에 대한 답을 찾지 않고서는 도저히 살 수 없었습니다.

그 해답을 찾아 길을 나섰습니다. 그 첫 마당이 강원이었습니다. 해인사 강원에서 경전을 배웠습니다. 성철 스님을 위시로 한 큰스님들 법문도 강사스님들의 가르침도 대부분 참선해서 도를 깨달아야 해답이 나온다는 말씀이었습니다. 강원과 경전을 팽개치고 선방으로 갔습니다. 도를 깨닫는 유일하고도 최고의 길이라고 하는 화두를 붙잡고 몸부림쳤습니다. 십여 년 땀을 뻘뻘 흘렸지만 답답함은 날로 더했습니다. 나만 그런가 하고 주위를 돌아보니 대부분 나와 비슷했습니다. 수행을 명분으로 공짜 밥을 먹고 살면서도 대접만 받으려고 드는 선원생활에 대한 양심적 회의를 견디기 힘들었습니다. 스스로 정직하고 성실하지 않은 삶을 살고 있다는 사실이 몹시 괴로웠습니다. 누군가에게 미안하고 죄송하고 부끄럽고 서글펐습니다.

선원이라는 울타리를 박차고 나왔습니다. 그때 『화엄경』을 만났습니다. 한 겨울 내내 탄허 스님이 번역한 『화엄경 합론』을 처음부터 끝까지 읽었습니다. 모르는 것은 모르는 대로 이해되는 것은 이해되는 대로 무심히 읽었습니다. 무슨 계획을 세웠거나 정해놓은 방침이 있는 것이 아니었습니다. 그냥 시간이 되는 대로 조건이 되는 대로 물 흐르듯 읽어 갔습니다. 어떨 때엔 막막하여 '뭐 하는 짓인가?' 싶기도 했고, 어떨 때엔 허황하고 황당하다는 생각이 들기도 했으며, 어떨 때엔 '아, 세상이란, 인생이란 이런 것이구나. 그래, 그래야지. 정말 그렇다면 한번 살아볼 만하네' 싶어 환희에 젖기도 했습니다.

그리고 마침내 다 읽었습니다. 책장을 덮고 난 다음 눈을 감고 정리해 봤습니다. 뭔가 손에 잡히진 않았지만 뿌듯함이 가슴 가득 차올랐습니다. 살아야 할 이유와 가치가 충분하다는 믿음이 생겼습니다. 왜 살아야 하는지, 어떻게 살아야 하는지 어렴풋이 윤곽이 잡히는 듯했습니다.

그때 저는 『화엄경』이 온 우주가 하나의 유기적 생명공동체임을, 낱낱 존재들도 유기적 공동체 존재임을 설명하는 경전이라고 나름대로 정리했습니다. 생명이라는 주제와의 만남이 그렇게 시작되었습니다. 그리고 '선우도량'이라는 대중결사운동을 위해 실상사에 머물면서 불교적 대안과 사회적 대안을 찾아 이런저런 모색을 하게 되었고, 그 과정에서 불교적으로는 인드라망공동체, 사회적으로는 생명평화공동체 운동을 했습니다. 좀 더 구체적으로 정리하면 불교적 대안으로는 생태자립 사부대중공동체를, 사회적으로는 생태자립 주민자치 마을공동체를 꾸리는 노력을 했습니다. 이제까지 생명 평화의 삶이 내 삶이 되고 이웃의 삶이 되고 우리 마을의 삶이 되고 우리 사회의 삶이 되고 우리 세상의 삶이 되도록 정진하는 것이 나의 수행이요, 보살행이요, 깨달음행이요, 해탈행이요, 열반행이라는 믿음으로 살고 있습니다.

얼마 전 실상사에서 기존의 모든 법회를 일요법회로 전환하면서 한 달에 한 번 있는 약사재일법회를 두 번째 일요법회로 바꾸었으니 그 법회를 책임지고 하라는 명령이 제게 떨어졌습니다. 어떻게 할까 하고 고민하는 중에, 실상사가 『화엄경』을 공부하는 도량이고, 문명사적 대안으로 제시된 생명평화운동의 바람직한 방향과 길인 인드라망 세계관을 잘 담고 있는 경전이 『화엄경』이라는 사실이 떠올랐습니다. 이 기회에 사부대중이 함께 『화엄경』을 공부하면 괜찮겠다는 생각이 들었습니다.

대부분 알고 있듯이 『화엄경』은 불교 집안의 최고 경전일 뿐 아니라 인류가 낳은 위대한 걸작이기도 합니다. 일반적으로 『화엄경』은 선재동자의 파란만장한 구도행각으로 알려져 있습니다. 선재동자는 처음 문수보살로부터 시작해서 비구, 비구니, 동남동녀, 기생, 폭군, 고행자, 종교인, 상인, 실업가, 정치인, 권력자 등 쉰 세 명의 선지식을 만나는 편력수행을 합니다. 그 수행의 마지막에 선재동자가 만난 보현보살이 장엄한 구도 과정과 내용을 종합하여 실천해야 할 지침을 제시하는데, 그것이 바로 「보현행원품」입니다. 그리고 「보현행원품」에 담긴 핵심 내용이 보현보살의 십대행원입니다.

「보현행원품」은 화엄사상과 정신을 일상에서 직접 실천하지 않으면 아무 소용이 없다는 내용으로 되어 있습니다. 그만큼 불교가 얼마나 현실적인 가르침이며 역동적인 실천론인지를 매우 잘 보여줍니다. 나아가 참다운 수행, 참다운 깨달음행이 어떤 것인가에 대해 온몸으로 실감하게 합니다. 불자의 참된 삶을 생각하는 사람이라면 누구나 반드시 보현행을 공부하고 실천해야 합니다.

대다수의 사람들은 『화엄경』의 내용이 광대무변하여 복잡하고 어렵다고들 하지만 꼭 그렇지만은 않습니다. 오히려 '지금 직면한 삶의 주체인 나는 어떤 존재이고 삶의 현장인 세상은 어떤 곳인가?' 라는 보편적 물음에 대해 인드라망중중무진연기의 존재요 인드라망의 세계라고 명확하게 설명하고 있습니다. 그리고 '어떻게 살아야 하는가?'라는 물음에 "동체대비심同體大悲心으로 생각하고 말하고 행동하고 살라."고 설명하고 있습니다. 또 '그렇게 살면 어떻게 되는가?'라는 물음에 "그렇게 살기만 하면 틀림없이 그렇게 사는 만큼 즉각즉각 네가 희망하는 대로 생명이 안전하고 건강하고 평화롭고 행복한 삶이 이루어진다."고 말하고 있습니다. 인생이란 인드라망의 세계 속 존재이므로 마땅히 다르마dharma, 법의 길인 동체대비심으로 살아야 그 삶이 평화롭고 행복하다는 이야기지요.

오늘부터 실상사에서 한 달에 한 번 보현 법회를 하게 된 건 인드라망 세계관본래부처과 동체대비행同體大悲行 즉 생명 평화의 삶이 내 삶, 그대의 삶, 우리의 삶, 우리 집의 삶, 우리 마을의 삶, 우리 사회의 삶, 우리 세상의 삶이 되도록 하기 위해 오늘의 언어, 일상의 언어, 대중의 언어로 설명하고자 하는 뜻에서입니다. 부디 좋은 뜻의 친구가 되어 서로 함께 탁마하는 법회가 될 수 있도록 마음을 모으고 정진합시다.

차 례

1강

인드라망 무늬와 보현행원

그대,
생명 평화의
길을
가라

◉

그때에 보현보살이 부처님의 수승하신 공덕을 찬탄하고 나서 여러 보살과 선재동자에게 말씀하셨습니다.

수행지여! 여래의 말할 수 없고 헤아릴 수 없는 공덕문을 이루려면, 마땅히 열 가지 넓고 큰 행원을 닦아야 하느니라.

◉

◉

첫째는 모든 부처님께 예배하고 공경하는 것이요,

둘째는 부처님을 찬탄하는 것이요,

셋째는 널리 공양하는 것이요,

넷째는 업장을 참회하는 것이요,

다섯째는 남이 짓는 공덕을 함께 기뻐하는 것이요,

여섯째는 설법하여 주시기를 청하는 것이요,

일곱째는 부처님께서 이 세상에 오래 계시기를 청하는 것이요,

여덟째는 항상 부처님을 따라 배우는 것이요,

아홉째는 항상 중생을 따르고 받드는 것이요,

열째는 지은바 공덕을 널리 회향하는 것이니라.

◉

부처, 그는 고통으로부터 해탈한 사람, 탐진치가 소멸되어 열반에 도달한 사람입니다. 그는 오랜 사유 끝에, 부처의 출현이나 부처의 깨달음 여부와 관계없이 본래부터 있는 보편적 진리를 발견했고 그 진리를 연기법이라고 했습니다. 그 진리는 서로 의지하여 서로 존재하게 하고 서로 빛나게 하는 사랑의 법칙입니다.

부처, 그는 우주의 보편적 진리의 길을 발견하고 스스로 그 길을 걸어감으로써 고통으로부터 해탈하고 궁극의 열반에 도달했습니다. 우리는 그의 가르침을 불교라고 합니다. 부처의 가르침은 팔만사천 법문이라고 할 정도로 어마어마하게 많습니다. 왜 그렇게 많은 것일까요? 부처의 가르침은 논리적 정합성을 갖는 단일한 체계의 이론서가 아니라 병에 따른 처방전이기 때문입니다. 그때그때 사람의 수준이나 문제에 따른 해결책으로 내놓은 것이기 때문입니다. 하지만 팔만사천 법문을 종합하면 그 사유의 본질을 다음 두 가지로 요약할 수 있습니다.

하나는 "자업자득自業自得 자작자수自作自受"입니다. "자신이 행위하는 대로 그 삶이 이루어진다. 자신이 만든 것은 자신이 받는다. 그러므로 언제나 주체적이고 자립적이고 창조적으로 살아야 한다."는 뜻입니다. 부처든 부모든 그 누구도 내 인생을 대신 살아 줄 수 없습니다. 죽으나 사나, 좋으나 궂으나 자신의 인생은 자신이 살아야 합니다. 아무리 길이 잘 닦여 있더라도 자신이 주체적으로 가야만 그 길이 자신의 길이 되는 것입니다.

다른 하나는 "여실지견如實知見. 연기법 즉 사랑의 법칙을 아는 것 - 지혜의 길 여실지견행如實知見行. 사랑의 법칙대로 실천하는 것 - 자비의 길"입니다. "현실에서 직면한 존재의 실상을 있는 그대로 보라. 그리고 그 내용사랑의 법칙에 따라 사고하고 말하고 행동하라. 그러면 삶이 편안하고 자유롭다."는 뜻입니다. 그러니까 현실에서 직면한 존재의 실상을 떠나서는 어디에서도 길을 찾을 수 없습니다. 왜 그런가? 다른 데에는 길이 없기 때문입니다. 그럼 어디에서 찾아야 하는가? 바로 지금 여기에서 직면한 존재의 실상에서 길을 찾아야 합니다. 왜 그런가? 그곳에 길이 있기 때문입니다.

두 가지를 좀 더 간추려 정리하면 첫째는 주체적인 삶만이 참된 삶이라는 것이고, 둘째는 구체적 사실과 진실 즉 직면한 실상에 근거하여 삶의 문제를 다루어야 한다는 것입니다. 두 가지를 하나의 문장으로 만들면 "언제나 그대가 직접[自歸依] 법의 길[法歸依]을 가면 그 길을 가는 만큼 해탈 열반이 바로 그대의 삶이 된다."입니다.

바른 길은 본래부처의 길이다

대승불교수행론의 기본 관점과 태도는 청매선사의 십무익송十無益頌을 참고하는 것이 적절할 것 같습니다. 십무익송은 보편적 진리에 입각한 올바른 방향과 길을 모르고 수행을 하면 아무리 용맹정진을 해도 이익이 없음을 말하고 있습니다. 방향을 잘못 잡을 경우 목적지가 동쪽인데 서쪽을 향하여 줄기차게 달려가는 것과 같다는 뜻입니다. 십무익송을 한번 보겠습니다.

하나, 삶마음과 직결시켜 살피지 않으면 경전을 보아도 이익이 없다.

둘, 바른 법에 대한 이해와 믿음에 근거하지 않으면 고행을 해도 이익이 없다.

셋, 원인과 과정을 가볍게 여기고 결과만을 중요하게 여기면 용맹심으로 도를 구해도 이익이 없다.

넷, 삶마음이 진실하지 않으면 교묘하게 말을 잘 해도 이익이 없다.

다섯, 존재의 본질이 실체 없음[空]을 달관사실을 사실대로 보고 인정하고 받아들임하지 않으면 좌선을 해도 이익이 없다.

여섯, 아만심을 극복하지 않으면 법을 배워도 이익이 없다.

일곱, 스승이 될 덕이 없으면 대중을 모아도 이익이 없다.

여덟, 뱃속에 교만이 꽉 차 있으면 유식해도 이익이 없다.

아홉, 한평생 괴각으로 사는 사람은 대중과 함께 살아도 이익이 없다.

열, 안으로 참다운 덕이 없으면 밖으로 점잖은 행동을 해도 이익이 없다.

우선 참선, 구도, 고행 등에 관계된 것을 살펴보면, "보편적 진리인 정법正法에 대한 올바른 이해와 확신이 없으면 목숨 걸고 고행을 해도 이익이 없다. 존재의 본질이 실체 없음을 달관하지 않으면 밤낮으로 좌선을 해도 이익이 없다. 원인과 과정을 소홀히 하고 목적과 결과만을 중요하게 여기면 용맹심으로 도를 구해도 이익이 없다." 등이 있습니다. 그냥 치열하게 참선을 한다고 해서, 고행을 한다고 해서, 도를 구한다고 해서 수행이 되는 것이 아니라 올바른 방향과 길 즉 본래부처의 길을 따라서 가야 함을 말하고 있습니다. 올바른 방향과 길이 없이 맹목적으로 수행을 하면 당사자의 의도나 바람과는 반대로 지금 여기의 존재 자체 즉 본래부처즉심즉불 말고 무언가를 더 소유하겠다소유심, 더 구하겠다소구심, 더 얻겠다소득심, 더 빨리 하겠다속효심는 고질병 또는 기복주의나 신비주의에 빠질 위험이 농후합니다. 사실 이는 한국의 불교인들 대다수가 빠져 있는 심각한 문제입니다. 명심해야 할 일입니다.

오직 한 길,
보현행원의 길

그런데 오늘 한국불교의 현실은 비연기적 사고인 실체론적 불교관과 이분법적 실천론인 비중도적 수행론 때문에 매우 혼란스럽습니다. 초기불교다, 대승불교다, 교학불교다, 참선불교다 하고 비연기적 사고로 서로를 분리시켜 선후, 경중, 우열을 따지는 왜곡된 사유방식으로 인해 참불교, 정법불교가 무엇인지 갈피를 잡을 수 없습니다. 이론과 실천, 수행과 일상의 삶, 수행과 깨달음, 자리행과 이타행, 개인수행과 대중활동, 자기완성과 사회완성 등을 이분법적으로 분리시키는 비중도적인 양극단의 수행론으로 인해 수행자들의 회의와 갈등과 방황이 확대 심화되고 있습니다. 이에 저는 이 자리에서 초기불교와 대승불교, 교학불교와 참선불교, 이론과 실천, 수행과 일상의 삶, 수행과 깨달음, 자리행과 이타행, 개인수행과 대중활동, 자기완성과 사회완성이 연기 중도적으로 통일되는 길을 열어가고자 본래 부처와 보살수행보현행원론을 모색하려고 합니다.

우선 불교가 어떤 가르침인지 짚어 보겠습니다.

불교란 고통에 찬 삶을 살아야 하는 나는 누구이고 인생이란 무엇인가, 내 생명은 어떤 존재인가, 고통에서 벗어나 안락하고 행복한 삶을 살려면 어떻게 해야 하는가 등과 같은 인류의 근원적이고 보편적인 인생화두에 답을 제시하는 가르침입니다. 그렇기 때문에 '불교는, 종단은, 사찰은, 출가제자는, 재가제자는 무엇을 위해 존재하는가?'에 대해 올바르고 분명한 신념을 가져야 합니다. 경전들을 잘 읽어 보면 가르침이 곳곳에 잘 드러나 있습니다. 부처님의 전법선언에서는 중생들의 "안락과 행복"을 위해서라고 밝히고 있습니다. 『금강경』에서는 "모든 중생을 열반지고지순의 평화, 행복에 들게 하기 위함"이라고 강조하고 있습니다. 『화엄경』에서는 "허공계가 다하고 중생계가 다할 때까지 오직 한 길, 뭇 생명을 향한 동체대비 즉 보현행원의 길"이라고 결론짓고 있습니다. 그리고 그 해답의 방향과 길을 논리적 개념으로는 연기의 존재, 무아의 존재, 인드라망 존재라 하고, 인격적 개념으로는 유아독존, 본래부처, 본래면목이라고 제시하고 있습니다. 잘 알다시피 대승불교 사상의 특징을 가장 잘 드러낸 대표적 개념 중의 하나가 인드라망과 본래부처입니다. 따라서 대승불교의 첫걸음으로 인드라망과 본래부처라는 개념을 통해 드러내고자 하는 부처님의 본의를 잘 파악하고 정리하는 것이 매우 중요합니다. 그래서 인드라망 존재 또는 본래부처에 대해 좀 더 구체적이고도 사실적으로 이해하는 데 도움을 주기 위해 인드라망 무늬를 만들었습니다.

이제부터는 인드라망 무늬에 대해 설명하겠습니다.

인드라망 무늬로 보는 화엄의 세계

보통 부처님 가르침을 달을 가리키는 손가락에 비유합니다. 인드라망 무늬는 손가락을 통해 봐야 할 달인 연기의 존재, 무아의 존재, 인드라망 존재, 유아독존, 본래부처, 본래면목의 존재를 시각화한 것입니다.

누구나 이해할 수 있고, 현실에서 증명할 수 있도록 좀 더 일반화해서 설명해 보겠습니다. 하나밖에 없는 내 생명의 진면목, 목숨 걸고 지키려고 하는 내 생명의 본래면목, 그 무엇보다도 우선하는 유일무이한 존재인 내 생명의 실상을 시각화한 것이 인드라망 무늬입니다. 불교의 인격적 개념으로는 유아독존, 본래부처, 본래면목이고, 논리적 개념으로는 존재의 실상, 법의 실상, 생명의 실상, 세계의 실상, 인드라망 존재의 실상인 것을 매우 단순화시켜 구체적이고도 사실적으로 형상화했다고 하겠습니다.

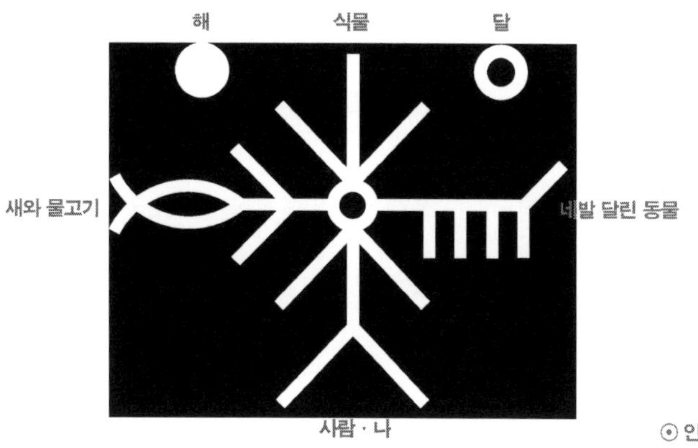

⊙ **인드라망 무늬**
화엄의 연기적 세계관과 정신을 눈으로 보고 생각할 수 있도록 시각화한 그림.

이 그림은 제 책 『그물코 인생 그물코 사랑』에서 가져온 것입니다. 무늬를 통해 보여주고자 하는 내용은 인생 제일의 화두인 내 생명의 실상, 내 생명의 진면목입니다. 세상에 생명을 존재하게 하는 일보다 더 중요하고 위대하고 거룩하고 고마운 일은 없습니다. 생명을 낳고 기르는 일이야말로 최고의 신비요 기적이요 불가사의입니다. 아득히 저 멀리 태양이 없어도 지금 여기 내 생명, 그대 생명, 우리의 생명이 존재할 수 있겠습니까. 절대 불가능합니다. 태양과 관계를 맺지 않는 한, 그 어떤 생명도 존재할 수 없습니다. 태양에 의지할 때만 생명의 탄생과 생존이 가능합니다. 태양이 내 생명을 낳아 기르고 있습니다.

태양이 내 생명의 절대적 의지처요 뿌리요 모체요 어버이요 부처요 하느님입니다. 태양처럼 발밑에 있는 미생물 하나하나가 모두 내 생명을 존재하게 하고 있습니다. 돌멩이도 풀 한 포기도 밥 한 그릇도 시금치 한 접시도 굼벵이 한 마리도 모두 내 생명을 존재하게 하는 지극히 거룩하고 고맙고 신비한 존재들입니다. 하물며 사람이겠습니까. 온 우주 삼라만상 낱낱 존재들이 영원에서 영원 끝까지 무한에서 무한 끝까지 서로가 서로를 존재하고 빛나게 하고 있습니다.

낱낱 존재들이 내 생명을 낳고 길러 주는 거룩하고 고마운 존재인 만큼 당연히 어버이로 부처님으로 하느님으로 이웃으로 동반자로 친구로 지극정성을 다해 잘 모시고 섬겨야 옳지요. 섬김과 모심이야말로 생명을 평화롭게 하고 행복하게 하는 사랑의 법칙을 실천하는 길이라고 할 수 있습니다. 생명의 법칙, 사랑의 법칙에 따라 생명의 모체인 상대들을 잘 모시고 섬기면 저절로 생명 평화의 삶, 생명 평화의 세상이 이루어집니다. 얼마나 대단합니까. 얼마나 눈부십니까. 참으로 신비요 기적이요 불가사의입니다.

인드라망 무늬는 내가 누구인지, 그대가 누구인지를 눈뜨게 합니다. 내 생명의 하느님, 부처님, 어버이신 자연의 가치, 이웃의 가치, 그대의 가치, 자신의 가치를 제대로 알게 하고 만나게 하고 함께하게 합니다. 동시에 모든 갈등과 대립의 원인으로 작용하는 분리와 차별의 벽을 넘어서는 탕탕무애蕩蕩無碍의 길을 열어 줍니다.

무늬의 실상을 자세히 살펴보면 그 안에 인생의 염원을 실현하게 하는 멋진 비결인 법의 길이 제시되어 있습니다.

부처와 성자들이 내놓은 인생 화두에 대한 해답, 그대가 찾고 있는 희망의 길이 인드라망 무늬에 잘 제시되어 있습니다. 무늬에 담겨 있는 내용은 인생 화두, 인생 희망에 대한 영원한 현재의 길이며 영원한 현재의 안목입니다.

내가 본래부처라는 확신이 중요하다

전통적으로 대비원력의 마음을 보리심 또는 대신심의 확립이라고 표현해 왔습니다. 믿음의 확립을 건물 짓는 일에 비유하면 집터를 잘 마련하는 것과 같습니다. 집터는 건물의 시작과 과정과 결과 모두에 절대적인 영향을 끼칩니다. 불교수행에서의 대비원력의 신심을 확립하는 것은 집터처럼 수행의 처음, 과정, 결과의 전부입니다.

내가 사람이라는 당연한 확신만큼 사람답게 살려고 하는 의지를 갖고 노력하게 되듯이 자신의 본래면목이 유아독존 본래부처라는 사실에 대한 확신과 당장 본래부처로 살겠다는 결심이 불교수행의 처음, 과정, 결과를 좌우합니다. 어쩌면 본래부처라는 자각과 당장 본래부처로 살겠다는 대비원력의 신심, 보리심의 확립이 불교수행의 전부라고 해도 괜찮을 것입니다.

제가 5년간 생명평화탁발순례를 했습니다. 한 3만 리 정도 걷고 8만 명 정도의 사람들과 만나 대화했습니다. 대부분의 사람들이 눈부신 변화와 발전으로 물질적 풍요와 생활의 편리를 누리면서도 끝없는 갈등과 대립, 불편과 부족, 불안과 공포 때문에 삶이 고통스럽고 불행하다고 아우성이었습니다. 현실이 왜 이럴까? 어디에서 길을 잃은 것일까? 원인이 어디 한두 가지겠습니까. 천 가지 만 가지 원인들이 있지요. 그래도 그중에서 핵심적인 원인을 하나 꼽는다면 '사람들이 삶의 주체인 자신에 대해 무관심하고 무지하다는 사실'이 될 것입니다. 자기 밖의 다른 것에 대해서는 모르는 것이 없을 정도로 박학다식한데 정작 자신에 대해서는 무관심하고 무지합니다. 십중팔구가 자기중심의 이기적 욕망을 쫓는 것이 자기를 위하는 참된 길이라는 무지와 착각에 빠져 살고 있습니다. 마치 갈 곳이 동쪽인데 서쪽을 향해 마구 뛰어가는 꼴입니다. 한마디로 자기 존재가치에 대해 철저하게 모르고 산다는 이야기입니다.

중요한 다른 원인이 하나 더 있습니다. 사람들이 너나없이 자기가 아닌 다른 것을 다루는 능력은 전지전능하다는 하느님 수준입니다. 그런데 자신을 관리 운영하는 능력은 거의 제로에 가깝습니다. 당연히 인생살이가 제대로 될 턱이 없지요. 첫 단추를 잘못 꿴 상태에서 다음 단추를 마구 꿰는 것 같이 어떤 노력도 헛수고가 되고 맙니다. 인드라망 무늬의 가르침과는 정반대의 길인 자기중심의 이기성은 자신에 대한 무지와 무능력을 무한히 확대심화시킴으로 자신의 삶과 상대의 삶을 황폐화시키는 위험하고 불행한 길이라는 사실을 직시해야 합니다.

불교수행, 보살수행은 연기, 무아, 인드라망 또는 유아독존, 본래부처로 개념화된 자기 본래면목을 사실적으로 잘 알고 확신하는 데서 출발합니다. 그중에서 본래부처라는 개념을 중심으로 이야기를 해보겠습니다. 여러 번 반복해서 강조한 본래부처에 담긴 뜻을 간추리면 다섯 가지가 됩니다.

첫째는 천하에 제일 거룩한 존재라는 뜻입니다. 온 우주 그 어디 그 무엇도 생명보다 더 귀한 존재는 없습니다. 천하의 그 무엇으로도 비교하거나 대신할 수 없는 유일한 가치의 존재입니다.

둘째는 천하에 제일 주체적인 존재라는 뜻입니다. 그 누구 그 무엇도 내 삶을 대신 살아 줄 수 없습니다. 죽으나 사나 자기 삶은 자기 스스로 살아야 하는 매우 주체적인 존재입니다.

셋째는 천하에 제일 완성된 존재라는 뜻입니다. 그 누구 그 무엇도 자기 필요대로 보고 듣고 말하고 행동하지 못하지만 생명의 존재인 나는 자유자재로 보고 듣고 말하고 행동하는 완성된 존재입니다.

넷째는 천하에 제일 창조적인 존재라는 뜻입니다. 자신의 행위대로 그 삶이 창조됩니다. 중생의 삶을 살면 중생의 삶이 창조되고 부처의 삶을 살면 부처의 삶을 이루는 매우 창조적인 존재인 것입니다.

다섯째는 천하에 제일 고마운 존재라는 뜻입니다. 연꽃은 연못에 의지하여 생명을 갖고, 연못은 연꽃에 의지하여 생명을 갖습니다. 서로가 서로에게 생명의 의지처요 뿌리요 모체입니다. 마찬가지로 온 우주의 낱낱 존재들이 서로가 서로에게 생명을 낳고 길러 주는 너무나 고마운 존재입니다.

매 순간순간 우주의 낱낱 존재들이 사랑의 법칙에 따라 서로가 서로의 생명을 낳고 살게 하는 신비한 기적, 불가사의한 기적을 일으키고 있습니다. 얼마나 대단합니까. 우리 모두는 존재 자체가 신비의 존재, 불가사의의 존재, 기적의 존재이며 동시에 매 순간순간 신비 속에, 기적 속에, 불가사의 속에 살고 있습니다. 언제 어디에서나 항상 신비, 기적, 불가사의를 일으키는 주인공으로 살고 있습니다.

매일 만나고 있는 존재 하나하나가 그대와 나의 생명을 낳고 길러 주는 너무나 귀하고 고맙고 대단한 존재들인데 어찌 지극히 모시고 섬기지 않을 수 있겠습니까. 견문각지에 만나는 존재 그 누구 할 것 없이 본래부처이므로 지극히 잘 모시고 섬겨야 할 일입니다. 이것이 바로 대자대비의 보살행입니다. 당연하고 좋은 일입니다. 너무나 본래부처다운 행주좌와行住坐臥입니다. 스스로 천하에 거룩하기 그지없는 본래부처인데 어찌 무한한 자부심을 갖지 않을 수 있겠습니까. 스스로 그 무엇 하나 부러울 것도 부족할 것도 없는 원만구족한 본래부처이므로 행주좌와에 무한한 자부심을 가져야 마땅할 일입니다. 이것이 바로 대무심행입니다. 당연하고 멋진 일입니다. 너무나 본래부처다운 행주좌와입니다.

보현행원,
지금 당장 부처로 사는 법

본래부처론으로 보면 수행해서 다시 부처 되려고 하는 이분법적인 어리석은 생각을 할 필요가 없습니다. 이미 본래부처인데 다시 부처 되려는 어리석은 짓을 해야 할 까닭이 없습니다. 절집에서는 자신 또는 존재 자체가 부처임을 모르고 특별히 따로 있는 부처를 찾아 천하를 헤매고 다니는 무지한 중생을 "소를 타고 있으면서 다시 소를 찾는 사람과 같다."고 비유해서 말합니다. 본래부처인데 어디에 가서 다시 부처를 찾을 것이며, 본래부처인데 수행한다고 해서 새삼스럽게 다시 부처가 되겠습니까? 한갓 부질없는 헛수고요 전도몽상일 뿐입니다. 중요한 것은 스스로 본래부처임을 알고 믿고 지금 당장 부처로 사는 것입니다.

그럼 본래부처로 사는 삶은 구체적으로 어떤 것이겠습니까? 초기불교에서는 삼계개고 아당안지三界皆苦 我當安之라고 했고, 화엄불교에서는 동체대비同體大悲라고 했고, 선가에서는 행역선 좌역선行亦禪

坐亦禪 또는 대무심大無心이라고 했습니다. 풀이하면 "뭇 생명들이 고통에 시달리고 있으니 내가 그들을 고통에서 벗어나 열반의 삶을 살 수 있도록 죽을힘을 다해 노력하겠다.", "뭇 생명들을 내 생명처럼 모시고 섬기는 삶에 나의 전 존재를 바치겠다.", "움직일 때도 대자비의 본래부처로 움직이고, 앉을 때도 대자비의 본래부처로 앉는 대무심행의 삶을 사는 데 전심전력하겠다."입니다. 그 가운데서 본래부처행인 보현십대행원을 언제 어디서나 더욱 역동적으로 실천할 수 있도록 원래의 인격적 개념인 '부처', '여래'를 여기에서는 '인드라망 존재'라는 논리적 개념으로 바꾸어서 재구성해 보겠습니다.

하나, 모든 인드라망 존재께 예경 올립니다.

둘, 모든 인드라망 존재를 찬탄합니다.

셋, 모든 인드라망 존재께 공양 올립니다.

넷, 모든 인드라망 존재에 대한 무지와 무례의 업장을 참회합니다.

다섯, 모든 인드라망 존재의 공덕을 함께 기뻐합니다.

여섯, 모든 인드라망 법의 바퀴 굴리기를 간청합니다.

일곱, 모든 인드라망 존재들이 온전히 제자리에 머물기를 청합니다.

여덟, 모든 인드라망 존재를 따라 배웁니다.

아홉, 모든 인드라망 존재에 수순합니다.

열, 모든 인드라망 존재에 회향합니다.

부처, 여래라는 개념을 인드라망 존재로 바꾸면 예경, 찬탄, 공양, 참회, 수희, 전법, 주세, 수학, 수순, 회향 등의 보현십대행원이 지금 바로 일상의 현장에서 실천되어야 하고 실천될 수 있음을 알 수 있습니다. 보살수행인 보현행원이 얼마나 역동적인 삶, 역동적인 실천인지도 잘 드러납니다. 이런 실천론 속에는 본래부처인데 괜히 다시 부처를 구하고 찾고 이루려는 헛고생을 하지 말고 지금 당장 삶의 현장에서 본래부처로 살라는 뜻이 담겨 있습니다. 자신의 온 존재를 다 바쳐 보현행을 실천하는 것이 바로 본래부처로 사는 참보살행이요 참정진입니다. 그야말로 행역선 좌역선입니다. 본래부처니 지금 바로 허공계가 다하고 중생계가 다할 때까지 죽을힘을 다해 행주좌와 어묵동정에 본래부처답게 살 뿐, 그 이상도 그 이하도 아닙니다. 매순간 대승불교 수행론의 진면목이 이러함을 투철하게 확신하고 투철하게 실천하는 것이 그대로 보살수행인 부처행이요 해탈행이요 열반행인 것입니다.

2장

예경제불원 禮敬諸佛願

섬기는
삶이
기본이다

◉

선재동자가 여쭈었습니다.

"대성이시여, 어떻게 예배하고 공경하며 내지 어떻게 회향하오리까?"

보현보살이 선재동자에게 말씀하셨습니다.

수행자여! 모든 부처님께 예배하고 공경한다는 것은,

온 세상 모든 부처님을, 내가 보현행원의 원력으로, 눈앞에 대한듯이 깊은 믿음을 내어 청정한 몸과 말과 마음으로 항상 예배하고 공경하되, 한 분 한 분 부처님 계신 곳마다 그만한 수의 몸을 나타내어, 온 세상 모든 부처님께 두루 예배하고 공경하는 것이니라.

◉

허공계가 다하면 나의 예배와 공경도 다하려니와 허공계가 다할 수 없으니 나의 예배와 공경도 다함이 없느니라.

이렇게 하여 중생계가 다하고 중생의 업이 다하고 중생의 번뇌가 다하면 나의 예배하고 공경함도 다하려니와, 중생계 내지 중생의 번뇌가 다함이 없으므로 나의 예배하고 공경함도 다함이 없어 순간순간 이어져 끊임이 없고, 몸과 말과 뜻으로 짓는 일에 지치거나 싫어하는 생각이 없는 것이니라.

잘들 지내셨어요? 올봄은 특히 더 유난스러운 것 같아요. 며칠 전에는 지리산에 눈이 수북하게 쌓였지요. 어떤 책에서 보니까 2012년 동짓날에 우리 문명에 격변이 일어난다고 하더군요. 그러한 대격변이 희망을 만들어 내는 기회가 될지 아니면 비참한 파국으로 갈지는 인간의 선택에 달렸다는 내용이었습니다. 어쨌든 이런 종류의 책들이 서점에 쏟아져 나오고, 이외에도 심상치 않은 자연재해나 인재, 전쟁의 정황들 때문에 불안감이 더욱 증폭되고 있습니다.

그런데 주의 깊게 바라보면 사실 세상은 불안하지 않거나 위험하지 않은 적이 없었어요. 부처님 가르침은 "불안하고 위험한 것이 세상이다. 우리가 처해 있는 상황은 늘 불안하고 위험하다. 우리는 늘 불안하고 위험한 상태에서 살고 있다."는 것이죠. "그게 세상의 실상이다. 인간도 늘 불안하고 위태위태한 존재다." 부처님은 이것이 인생의 실상이라고 하셨어요.

삼법인三法印에 보면 '제행무상 일체개고諸行無常 一切皆苦'라고 합니다. 여기에서 '고苦'는 세상에서 독립되어 홀로 완전할 수도, 안전할 수도, 만족스러울 수도 없다는 뜻입니다. 부처님이 삼법인에서 고를 말씀하신 것은 세상의 특징, 존재의 특징이 그러하기 때문입니다. 그리고 그 사실을 사실대로 알고 사실대로 받아들이고 살아야 그 삶이 훨씬 홀가분해지고, 바람직한 해결책들도 나올 수 있다는 이야기입니다.

공부를 하다 보면 자꾸 단일한 체계의 이론을 요구하게 되는데 사실 불교에는 그런 것이 없습니다. 늘 말씀드리지만 부처님 가르침은 응병여약應病與藥 즉 병에 따라 약을 쓰는 것입니다. 그러니까 병의 수만큼 약이 많을 수밖에 없어요. 다시 말하면 번뇌만큼 부처님 가르침이 있는 거지요. 팔만사천 번뇌가 있기 때문에 팔만사천 법문이 있는 것이고, 그것을 기록해서 만든 것이 팔만대장경입니다. 어쩌면 사람 수만큼 부처님 가르침이 있는 것이라고 해도 과언이 아닙니다. 우리가 알아야 할 것은 모든 가르침이 병에 따라 준 약들이기 때문에 이 가르침은 여기에는 맞는데 저기에는 맞지 않을 수 있다는 점입니다.

지금부터 공부하는 보현십대행원도 팔만사천 법문 중의 하나입니다. 『화엄경』은 불교사상과 불교정신의 종합백화점이라고 할 수 있습니다. 불교의 모든 사유방식을 다 담고 있다고 해도 과언이 아니지요. 그렇다고 해서 『화엄경』이 누구에게나 맞는 만병통치약이라는 말은 아닙니다. 어떤 사람에게는 잘 맞을 수 있지만 다른 사람에게는 안 맞을 수도 있습니다. 다만 좀 더 보편적으로 많은 사람들이 효과를 볼 수는 있습니다. 하지만 『화엄경』만이 절대적이고 전부라고 여길 필요는 없습니다. 화엄만이 절대적이고 화엄만이 전부라고 하면 그것은 이미 불교가 아닙니다.

불교공부는 인생의 아지랑이를 걷어 내는 일

지난 강의에서는 인드라망 무늬와 보현십대행원에 대해 말씀드렸는데, 인드라망 무늬는 『화엄경』에 담겨 있는 사상과 정신을 시각화한 것입니다. 그리고 인드라망 정신을 실천하는 것을 보현행원이라고 합니다.

인드라망 무늬는 중중무진연기의 존재를 시각화한 것인데, 논리적 개념으로는 존재의 실상, 생명의 실상, 법의 실상, 세계의 실상이라고 하고, 인격적 개념으로는 천상천하 유아독존, 청정법신 비로자나 부처님, 본래부처, 본래면목이라고 합니다. 한 걸음 좁혀서 여기 계신 분들께 적용하면 '지금 여기 나의 본래면목', '지금 여기 내 생명의 실상'을 그림으로 그린 것이라고 이해하면 되겠습니다.

대승불교 사유방식의 핵심은 여실지견如實知見, 여실지견행如實知見行이라는 두 마디로 요약할 수 있습니다. 여실지견은 있는 사실을 사실대로 본다는 말인데, 불교에서 말하는 지혜는 있는 사실을 사실대로 보고 이해하는 것입니다. 팔정도의 논리로는 정견正見, 바른 견해이라고 할 수 있지요.

우리는 어떻습니까. 사실을 사실대로 보고 있습니까? 사실 우리는 전부 색안경을 쓰고 살아갑니다. 색안경을 쓰고 보는 것을 불교에서는 전도몽상顚倒夢想이라고 이야기합니다. 더 단순하게는 '망상'이라고 하죠. 그러면 우리 사회에 어떤 망상이 있는지 짚어 볼까요?

요즘 우리 사회에 가장 만연한 것은 '경쟁력', '일등', '부자'와 같은 말들입니다. 일등이 되고 부자가 되는 것이 희망이고, 그렇게 되면 행복이 찾아올 것처럼 생각하고, 그것을 위해 삶을 바치고 있습니다. 그런데 실제로 그런가요? 일등만이 희망이고 부자가 되면 정말 행복한가요?

그것만이 희망이라고 해서 생긴 현상들을 주의 깊게 살펴보면 그 말들이 새빨간 거짓말임을 알 수 있어요. 거짓말도 보통 거짓말이 아니고 아주 나쁜 거짓말, 나아가 정말 위험한 거짓말이죠. 우리 사회는 온 국민이 그 거짓말에 휩싸여서 마치 그게 반드시 성취해야 할 목표인 양 헐레벌떡 달려가고 있는 형국인데, 연일 뉴스의 대부분을 차지하는 온갖 종류의 생태문제, 끝없는 갈등과 대립의 문제, 범죄사건, 자살률의 급증이 바로 이런 형국에서 나오는 것임을 잘 알아야 합니다.

부처님은 일찍이 중생이 사는 세상을 전도몽상의 세상이라고 말씀하셨습니다. 전도顚倒는 거꾸로 되어 있다는 말이고 몽상夢想은 헛된 꿈과 환상을 뜻하니, 우리가 아지랑이를 좇고 있다고 말씀하신 거지요. 아지랑이는 있는 것처럼 보이지만 다가가서 보면 또 저만치에 있죠? 영원히 잡히지 않습니다. 망상으로 이루어진 현상들이 모두 이와 같습니다. 그런데도 마치 그것이 실제로 존재하는 것처럼 느끼고 생각하고, 그것 때문에 죽네 사네 하는 것입니다.

따라서 우리가 불교공부를 통해 인생의 답을 찾으려면 전도몽상이 무엇인지, 문제가 무엇인지 정확히 알아야 합니다. 그냥 열심히 참선하고 열심히 기도만 해서는 해결되지 않는다는 말입니다. 그런데도 우리는 문제가 무엇인지를 찾지 않고 해답만 찾으려고 합니다. 이게 바로 전도몽상입니다. 불교에서는 '문제'라는 말이 전도몽상이라는 말과 같아요. 문제덩어리를 전도몽상, 번뇌망상, 고통이라고 표현합니다. 우리는 전도몽상이 무엇인지도 잘 모른 채 자꾸 전도몽상에서 벗어나야 한다고 말하곤 하는데, 도둑의 얼굴을 모르고도 도둑을 잡을 수 있겠습니까? 불가능하죠. 문제가 무엇인지를 정확하게 아는 것이 문제를 해결하는 출발점이고 확실한 길임을 직시해야 합니다.

부처님 가르침의 첫 번째가 무엇입니까? 사성제四聖諦지요. 그러면 사성제의 첫 번째는 무엇이죠? 고성제苦聖諦입니다. 고苦는 아까 말씀드린 바와 같이 불완전하다, 불안전하다, 불만족스럽다는 뜻입니다. 이게 존재의 특성이에요. 존재의 특성이 이렇다는 것을 잘 알고 살면 사는 게 훨씬 낫고, 그것을 모르고 살면 쓸데없는 데 휘말려서 끊임없이 고통을 확대 재생산하면서 고생하게 된다는 이야기입니다.

충분하다고 말하는 부자 보셨습니까?

아까 이야기하다가 만 '부자'라는 말을 사실적으로 확인해 볼까요? 가진 게 많으면 부자일 것 같습니까? 일반적으로는 그렇게 생각합니다. 하지만 부자란 스스로 부자라고 인정할 수 있어야 하잖아요. 다른 사람들이 아무리 부자라고 해도 스스로 부자라고 하지 않는다면 소용이 없지요. 안 그렇습니까? 본인 스스로 "나는 부자야."라고 해야 부자예요.

스스로 "나는 부자야."라고 말하는 사람 보셨습니까? 저는 거의 못 봤어요. 물론 자신이 부자라고 거침없이 말하는 사람이 있기는 한데, 대체로 많이 가진 것과는 관계가 없는 사람이더라고요. 스스로를 부자라고 말하는 사람들은 대부분 가진 게 없는 사람들이었어요. (대중: 웃음) 오히려 많이 가진 사람들은 그런 이야기를 하지 않아요. 적어도 부자라면 "나는 부자야.", "나는 충분해.", "나는 부족하지 않아.", "이만하면 됐어."라고 말할 수 있어야 하잖아요. 그런데 우리가 일반적으로 부자라고 생각하는 사람들에게서는 "나는 충분해."라는 말을 듣기 어렵습니다. 제가 법문도 하고 순례도 하면서 꽤 사람을 많이 만나는 편인데도 제가 만난 사람 중에는 그런 분이 없었습니다.

도대체 왜 그럴까요? 결국 우리들이 생각하는 그런 부자는 이루어지지 않기 때문입니다. 대표적인 예가 미국이죠. '부자 나라' 하면 미국인데, 그들이 스스로를 부자라고 생각하고 이제 충분하다고 느꼈다면 이라크를 침공할 리가 없잖습니까. 이라크 전쟁의 명분이야 어떻든 간에 전쟁의 실제 내용을 보면 '더 부자가 되겠다', '더 강자가 되겠다'는 이야기잖습니까?

우리 머릿속에 그려져 있는 부자는 생각일 뿐 실제로는 실현될 수 없습니다. 그야말로 전도몽상이지요. 그런데 우리는 대부분 "부자는 좋은 거야. 부자 되면 행복해. 그러니까 부자가 돼야 해."라고 말합니다. 머릿속에 그려져 있는 그런 부자를 부질없는 망상이라고 생각하지 않습니다. 그 망상 때문에 삶이 고통스럽고 불행해진다는 것을 알고 그 망상에서 떠나야 하는데, 망상인 줄조차 모르니까 버리고 떠날 생각을 안 하는 거예요.

그리고 생각해 봅시다. 만약 60억 인구가 지금 한국 사람처럼 부자가 되어 먹고 쓰고 살면 어떨 것 같습니까? 당장 인류문명은 끝장납니다. 미국 사람들이 아니라 우리 한국 사람들처럼만 먹고 쓰고 살아도 인류문명은 당장 마비될 수밖에 없습니다. 생태적 조건 또는 자원 부족 때문에 문명을 유지할 수 없습니다. 그러니 부자 논리가 얼마나 위험하고 대책 없는 논리입니까. 이루어질 수 없을 뿐 아니라 이루어지면 큰일 나는 논리입니다.

한번 구체적으로 살펴봅시다.

요새 한국 사회가 어떻습니까. 부자타령 일색이죠. 마치 부자타령 안 하면 큰일 나는 것처럼 되어 있어요. 청와대, 국회부터 시작해서 저 유치원까지 온통 부자타령에 휩싸여 있지요. 끊임없이 그 허망한 망상들을 부채질하고 전도몽상을 조장하고 있는 것입니다. 전도몽상을 확대 재생산하는 사회 현상을 보며 우리 불교는 무엇을 해야 하겠습니까? 직면한 사회 문제를 제대로 짚지 않고 무조건 열심히 참선하고 열심히 기도만 한다고 해답이 나오겠습니까. 부자타령이 전도몽상임을 국민들이 여실히 알 수 있도록 하는 것, 팔정도에서 말하는 정견正見을 확립하도록 해야 하지 않겠습니까.

『반야심경』에서 말하고 있습니다. 조견오온개공 도일체고액照見五蘊皆空 度一切苦厄, 오온五蘊. 육체, 느낌, 생각, 의지, 의식을 일컬음의 실상이 공空임을 사실적으로 꿰뚫어보면 모든 고난과 액난으로부터 해탈하게 된다고. 여실지견행如實知見行 즉 사실을 사실대로 보고 실천하는 것이지요. 끊임없이 사실대로 보고 사실에 맞게 행동해야 합니다. 여실지견행인 불교적 실천은 한마디로 동체대비행입니다. 불교는 다른 게 아닙니다. 여실지견의 사유방식으로 내 생명의 진면목을 보고 알고 그 진면목대로 살자는 것이지요. 진면목대로의 실천이 바로 동체대비행입니다.

홀로 존재하는 생명이란 없다

내 생명의 진면목인 인드라망 무늬를 보면 첫인상이 어떻습니까? 우리가 일반적으로 갖고 있는 생각과는 정반대지요. 우리가 갖고 있는 전도몽상 가운데 하나가 무엇일까요? 인간이 만물의 영장이라는 오만입니다. 인간이 모든 것 위에 군림하고 지배할 수 있다고 아무렇지 않게 받아들이는 것입니다. 실상을 보십시오. 인드라망 무늬에서는 그렇게 말하고 있지 않습니다. 오히려 내사람가 나사람 아닌 다른 모든 존재들을 머리 위로 받들어 모시고 있습니다. 그리고 모든 존재가 중중무진하게 관계를 맺고 있습니다. 인간은 우리 생명을 가능하게 하는 이 모든 존재들을 지극하게 모시고 지극하게 섬기는 삶을 살아야 한다고 인드라망 무늬는 말하고 있습니다.

우리가 알고 있는 무수한 전도몽상 가운데 또 하나는 지금 여기 내 생명이 분리 독립되어서 내 안에 따로 있다고 생각하는 것입니다. 우리는 네 생명은 네 안에 있고 내 생명은 내 안에 있다고 생각합니다. 네 생명 내 생명이 따로 있다고 생각하는 거예요. 구체적 실상은 어떻습니까. 세상에 식물이 없어도 지금 내 생명이 존재할 수 있겠습니까? 물이 없어도 내 생명이 존재할 수 있겠습니까? 하늘의 달과 무관하게 내 생명만 독자적으로 존재할 수 있겠습니까? 이 세상 그 어디 그 어떤 존재도 분리되어 따로 살아가는 생명은 없습니다. 지금 여기 내 생명이라고 하는 것은 내 생명이 아닌 다른 것들에 의지해서만 존재합니다. 그 관계를 끊으면 나도 존재할 수 없습니다. 부처님도 예수님도 별 수 없습니다. 그 무엇도 독자적으로 "이것이 내 생명이야."라고 주장하고 소유할 수 없습니다. 그 어떤 것도 다른 것들과의 관계 없이 나만의 것이라고 주장하고 소유할 수 없습니다. 다만 그런 것이 있는 것처럼 착각하고 있을 뿐입니다. 불교에서는 상호관계 맺어 그물코처럼 존재하는 것을 연기무아의 존재라고 합니다. 『반야심경』에서는 색즉시공의 존재라고 하고요.

내 생명이란 온통 나 아닌 다른 것들에 의지하고 도움을 받아서 존재합니다. 부모가 나를 낳고 길러 줍니다. 그래서 우리는 부모를 존경하고 부모에게 감사합니다. 부모를 존경하고 감사하는 것은 자기중심의 이기적 사고로 군림하는 전도몽상의 태도를 버리고 정성을 다해 받들어 섬기고 모시는 태도입니다. 부모와 마찬가지로 숲이 나를 낳아 길러 줍니다. 태양과 밥이 나를 길러 줍니다. 인간이 아무리 날고 뛰어봐야 밥을 먹어야 하고 산소도 호흡해야 하고 햇볕도 쬐어야 합니다. 세상의 어떤 존재도 내 생명을 낳고 길러 내는 모체 아닌 게 없습니다. 정말 거룩한 존재 아닌 것이 없습니다. 마땅히 진심으로 받들어 모셔야지요. 내 존재의 실상을 사실대로 파악하고 보면 나를 낮추고 비우고 나누며, 상대를 존중하고 배려하고 감사하는 태도로 살아야 한다는 결론에 도달하게 됩니다.

불교가 무엇입니까? 불교는 법法의 길을 간다, 법대로 산다는 말이거든요. 법은 부처님의 가르침이고, 그 가르침을 정형화한 것이 팔정도八正道입니다. 그것이 『화엄경』에 오면 보현행원으로 나타납니다. 팔정도가 초기불교의 중도적 실천이라면, 『화엄경』에 와서는 보현행원이 중도적 실천입니다.

자기 생명의 진면목 또는 그 실상을 확인하면 무엇이 이루어질까요? 전도몽상을 버리고 떠나게 됩니다. 전도몽상을 버리고 떠나면 어떻게 되나요? 구경열반究竟涅槃. 부처의 경지에 이릅니다. 지고지순의 행복, 완전한 행복에 이른다는 말입니다. 그 어떤 것도 필요치 않습니다. 일생을 걸고 용맹정진을 하더라도 전도몽상을 버리지 못하면 헛일입니다. 반면 일생을 아무것도 안하고 먹고만 놀아도 전도몽상을 버리면 바로 해탈이고 열반입니다. 어떻습니까? 너무나 재미있는 이야기입니다. 중요한 것은 참선을 했느냐, 기도를 했느냐, 불교를 믿었느냐가 아니라 '전도몽상을 버렸느냐'입니다. 전도몽상을 버렸느냐 아니냐가 관건입니다.

내 생명의 실상, 진면목이 다른 존재들에게 의지해서 있다는 것을 모를 때는 어떤 전도몽상에 빠집니까? 자기중심적이고 이기적인 삶을 당연하게 받아들이고, 군림하고 지배하는 삶을 살려고 합니다. 나만, 또는 우리만 잘 살겠다는 생각을 하게 됩니다. 앞에서 누누이 설명한 대로 내 생명의 실상을 제대로 알고 나면 자기중심의 이기심을 버리고, 군림과 지배가 아니라 모시고 섬기면서 살게 됩니다. 그 결과 삶이 평화로워집니다.

모든 존재는 거룩하다

오늘은 보현십대행원 첫 번째 시간으로, 예경제불원禮敬諸佛願 즉 "모든 부처님께 예경 올리는 삶을 살겠습니다."를 공부하는 날입니다. 생활에 도움이 되도록 '모든 부처님'이라는 개념을 본래부처의 세계관인 인드라망 논리로 바꾸면 "모든 인드라망 존재께 예경 올리는 삶을 살겠습니다."가 됩니다. 부처와 중생이라는 개념을 인드라망 존재로 바꾸면 보현행원을 언제 어디에서 어떻게 실천해야 할지가 명확해집니다. 예경제불원은 지금까지 앞에서 설명한 대로 존재의 실상에 대한 바른 이해와 인식을 바탕으로 하고 있습니다.

내 생명이 존재하도록 해주는 존재들이 갖는 가치는 대단히 거룩합니다. 생명을 낳고 기르는 일보다 더 거룩한 일이 있습니까. 생명을 낳고 기르는 일보다 더 위대한 일이 있습니까. 생명을 낳고 기르는 것보다 더 가치 있고 고마운 일이 있습니까. 지극히 위대하고 거룩하고 고맙고 가치 있는 생명을 낳고 기르는 이를 부처님이라고 이야기하면 말이 됩니까, 안 됩니까. 어버이라고 해도 되고, 하느님이라고 해도 되겠죠.

사실 물고기는 물고기대로, 새는 새대로, 숲은 숲대로, 태양은 태양대로, 달은 달대로, 동물은 동물대로, 우리 육안에 보이지 않는 무수한 미생물들은 미생물대로, 모두 다 서로가 서로의 생명을 존재하도록 해주는 정말 귀하고 고마운 존재들입니다. 각자 개성을 갖고 존재하면서 동시에 다른 생명을 살리는 역할을 합니다. 그 존재가치가 정말 대단하지요. 그래서 실상을 확인해 보면 세상에 부처 아닌 것이 없다, 세상에 진리 아닌 것이 없다는 결론에 도달하게 됩니다. 대승불교에서 강조하는 본래부처라는 개념은 다름이 아니라 낱낱 존재들이 갖고 있는 고유의 개성과 가치를 말하는 것입니다.

예경제불禮敬諸佛은 "모든 인드라망 존재께 예를 갖춰서 경배드립니다존경합니다."라는 뜻입니다. 여기서 중요한 것은 제불諸佛 즉 모든 부처님입니다.

모든 여래, 모든 부처란 대체 무엇을 가리키는 것일까요? 눈치 빠른 분들은 벌써 알아채셨을 텐데…. '모든 부처님'은 지금 여기 내 생명을 존재하게 해주는 모든 존재들을 말합니다.

우리는 부처님은 거룩한 존재고 중생은 하찮은 존재라는 생각을 당연하게 여기죠? 경전에서는 누누이 "중생 없는 부처 없고, 부처 없는 중생 없다."고 가르치고 있는데도 우리는 자꾸 중생이 없어도 부처가 있을 수 있다고 생각합니다. 아니 오히려 중생이 없어야 한다고 생각합니다. 거듭 말씀드리지만 세상에 그 어떤 존재도 홀로 완성될 수 없습니다. 남자도 여자도, 중생도 부처도 분리된 혼자만으로 완전할 수 없습니다.

한번 봅시다. 부처의 스승이 누구겠습니까? 부처의 스승은 중생입니다. 중생이 없으면 부처가 존재할 수 없습니다. 『화엄경』의 사고방식을 한마디로 표현한 개념이 '삼세간 상호장엄三世間, 相互莊嚴'인데, 삼세간三世間은 중생세간衆生世間, 중생들, 지정각세간智正覺世間, 불보살들, 기세간器世間, 자연세계입니다. 상호장엄相互莊嚴은 이 세 가지가 서로서로 의지해서 존재한다, 서로서로 존재 의미를 갖게 해준다는 뜻입니다. 더 구체적으로 말하면, 중생이 있어 부처가 존재 의미를 갖고, 부처와 중생이 존재하기 때문에 자연세계도 존재 의미를 갖습니다. 또 자연세계가 있으니까 부처와 중생이 살 수 있고, 부처가 있으니까 중생이 희망을 갖는 것 아닙니까? 그러므로 세상은, 삶은 부처만 중생만 자연만 따로 분리되어 존재할 수도 완성될 수도 없습니다. 그물의 그물코처럼 서로 의지하고 서로 관계를 맺어야만 존재 의미가 살아납니다. 마치 연못과 연꽃 같은 것이지요. 연못이 없으면 연꽃이 생명을 가질 수 없습니다. 연꽃이 없으면 연못도 더 이상 연못일 수 없습니다. 연못 스스로가 독자적으로 자기 생명을 가질 수 없습니다. 연꽃도 마찬가지입니다. 연꽃은 연못과의 관계 속에서만 생명을 갖습니다. 누구도 어디에서도 마찬가지입니다.

결국 서로서로가 예경제불禮敬諸佛 즉 지극하게 섬기고 모시는 삶을 살아야 하는 것입니다. 누구도 독자적으로 완전하게 존재할 수 없기 때문입니다. 오른손과 왼손의 관계도 그렇고, 두 눈과 두 발의 관계도 그렇습니다. 서로가 있음으로 해서 자기 역할을 완전하게 할 수 있는 것입니다. 남자와 여자도 마찬가지죠. 모든 관계가 그렇습니다. 모두 관계를 통해서만 완성의 의미를 갖게 됩니다. 따라서 제불諸佛 즉 모든 존재는 거룩하다, 거룩하지 않은 존재는 없다는 사실을 사실대로 보는 것이 전도몽상을 벗어나는 첫 출발점입니다.

모기도 다른 생명을 키운다

다음은 모든 존재 즉 진리의 존재를 조건 없이 진리로 받아들이는 것입니다. 내 마음에 들고 안 들고, 나에게 이익이 있고 없고, 나에게 유리하고 불리하고와는 관계가 없습니다. 우리는 내 마음에 들고 안 들고에 따라 상대를 평가합니다. 내 마음에 들면 좋아하고 안 들면 싫어하는데, 그런 사고와 태도가 바로 전도몽상입니다. 내 마음에 드느냐 안 드느냐에 따라 판단하는 것은 사실을 사실대로 보는 게 아니고 '나'라고 하는 색안경을 끼고 보는 것입니다. 내가 어떤 색안경을 썼느냐에 따라 마음에 들고 안 들고 한다는 말이죠. 전도몽상을 낳게 만드는 색안경을 벗어던지고 봐야 답이 보입니다.

모기를 예로 들어 봅시다. 다들 모기를 싫어하시죠. 여기 모기 좋아하는 사람 있어요? (대중: 웃음) 모기가 물면 가려울뿐더러 병에 옮기도 하기 때문에 우리는 대부분 모기를 혐오스러운 생물, 존재가치가 없는 생물로 취급합니다. 심지어는 지구상에서 싹 없애 버렸으면 좋겠다는 생각도 하지요. 그런데 우리의 생각이나 기분이 아니고 실제는 어떨까요? 과학자들의 이야기로는 지구상에서 모기가 전부 사라지면 인류가 불치병을 앓는 재앙이 올 수도 있다고 합니다. 모기는 꽃가루를 옮겨 식물들의 수분을 돕는 매개자기도 하고 새나 곤충의 먹이가 되기도 합니다. 모기 알도 물고기들의 먹이 가운데 하나죠. 또한 모기 유충은 유기물을 분해하는 역할을 합니다. 우리는 모기를 해충으로만 알고 있지만, 사실 모기가 생태계에서 담당하는 역할은 다른 생명을 키우는 일입니다. 따라서 내 마음에 드느냐 안 드느냐로 판단하면 실제로 그 존재가 갖고 있는 가치를 놓치게 됩니다.

그러면 존재의 실상을 제대로 보기 위해서는 어떻게 해야 할까요?

첫째, 늘 깨어 있어야 합니다. 주의를 기울여서 봐야 합니다. 정신 바짝 차리고 직시해야 합니다. '깨어 있다'는 것은 "제불諸佛 즉 모든 존재가 내 생명의 부처님이다, 어버이시다."라는 진실을 늘 놓치지 않고 화두처럼 붙잡고 있는 것을 말합니다. 내가 상대하고 있는 존재 하나하나가 나에게 절대적 가치를 갖고 있는 존재들, 내 생명의 부처님, 내 생명의 하느님, 내 생명의 어버이임을 잊지 않고 늘 붙잡고 사는 거죠. 어떤 상대를 만나든지, 어떤 일을 만나든지 이게 화두가 되어야 합니다.

둘째, 깨어 있으면 어떤 상황에서도 미혹되거나 흔들리지 않습니다. 살다 보면 내 마음에 드는 것이 와서 나를 유혹하기도 하고, 내 마음에 들지 않는 것이 와서 나를 협박하기도 합니다. 우리는 마음에 드는 것에는 유혹당하고, 마음에 들지 않는 것에는 화를 냅니다. 우리는 대부분 그런 꼴로 삽니다. 그러나 존재의 실상에 대해 '아, 저것은 내 생명의 부처님, 내 생명의 하느님, 내 생명의 어버이시다'라는 생각이 확고하면, 설령 내 마음에 드는 것이 나를 유혹해도 속아 넘어가지 않고, 탐욕과 집착에 빠지지 않습니다. 내 마음에 들지 않는 것이 협박해도 미움과 성냄으로 흐르지 않습니다. 언제 어디에서나 늘 깨어 있고 평정을 잃지 않는 것이 바로 진정한 지혜요 선정이죠.

지금 하는 이야기들은 총론이면서 동시에 각론입니다. 보현행원이 열 가지로 나뉘어 있지만 핵심 내용은 똑같기 때문입니다. 다만 어떤 경우냐 어떤 측면이냐에 따라 칭찬, 배움, 참회 등 여러 가지 개념으로 설명하고 적용하는 것일 뿐입니다.

답은
내 눈 속에
있다

그렇다면 우리가 이 보현행원을 실천해야 하는 현장은 어디일까요? 그 현장은 바로 우리 자신이 두 발을 딛고 있는 현실입니다. 집일 수도 있고 직장일 수도 있고 지역일 수도 있습니다. 어디가 되었든 내가 살고 있는 현실입니다.

그리고 그것을 실천해야 할 사람은 자기 자신입니다. 아무도 대신 해줄 수 없습니다. 본인이 죽을힘을 다해서 해야 합니다. 죽을힘을 다해 하고 또 해야 합니다. 그게 정진입니다.

그러면 대상은 누구인가? 내가 만나는 모든 상대입니다. 경우에 따라 사람일 수도 있고 자연일 수도 있습니다. 사람일 경우 마음에 드는 상대일 수도 있고 그렇지 않은 상대일 수도 있습니다. 이때 마음에 드느냐 안 드느냐에 놀아나면 보현행원은 실천되지 않습니다. 앞에서 말씀드렸듯이 내가 좋아하는가 좋아하지 않는가는 존재의 실상에서 보면 망상, 전도몽상이니까요. 그것에 떨어지면 절대로 해답이 나오지 않습니다.

이 논리를 가장 가까운 관계에 있는 이에게 적용해 보십시오. 부모, 자식, 아내, 남편, 이웃, 친구 등 내가 만나고 있는 누구에게나 적용 가능합니다. 그 존재가 내 마음에 드느냐 안 드느냐에 관계없이 그 존재가 나에게는 거룩한 부처님, 거룩한 하느님, 거룩한 어버이 같은 존재입니다. 내 생명을 낳고 기르는 존재, 내 생명이 여기에 있게 하는 존재가 그들입니다. 상대를 실상에 따라 거룩한 존재로 보고 거룩한 존재로 대한다면, 그렇게 한 만큼 그 안에서 저절로 많은 해답이 나와 문제가 풀릴 것입니다.

상대를 거룩한 존재로 보고 진심으로 대한다면 어떤 변화가 있을까요?

나 자신이 정말로 괜찮은 사람이 됩니다. 틀림없이 그렇게 됩니다. 설령 상대방이 나를 화나게 했더라도 그것에 놀아나지 않고 상대의 존재가치를 인정하고 존중하고 배려하는 것은 정말 대단한 힘입니다. 인정받고 배려받고 존중받는 상대방은 당연히 기분이 좋아지겠지요. 또한 누구나 그렇게 행동하는 사람을 존경할 것입니다. 아마 그렇게 하고 나면 스스로도 뿌듯하지 않을까요?

서로 모시고 섬기는 관계가 이루어지면 결국 우리 삶을 덮고 있는 전도몽상도 저절로 깨져 없어져 화목하고 평화로운 해탈의 삶을 이룰 수 있겠지요.

삶의 현장에서 죽을힘을 다하자

우리가 불교를 하는 것은 지금 바로 해탈 열반의 삶을 살고자 해서입니다. 그 길을 가장 탁월하게 제시한 것이 보현행원이고요. 그러므로 우리 불자들은 언제 어디에서나 예경제불 즉 상대의 존재가치를 사실대로 보고 지극하게 섬기고 모시는 정진을 해야 합니다. 어떻게 해야 하는가? 죽을힘을 다해 또 하고 또 해야 합니다. 그런데 우리는 대부분 그렇게 살고 있지 않습니다. 너도나도 연습 게임은 열심히 하는데 본 게임은 설렁설렁 치릅니다.

무엇이 연습 게임일까요? 다들 법당에 가서 부처님께 절도 열심히 하고, 선방에 가서 참선도 집중해서 하고, 염불도 많이 하죠. 그런데 이게 모두 연습 게임입니다. 부처님께 절을 할 때 얼마나 열심히 합니까. 장난삼아서 절하지 않죠. 정말 진실한 마음으로 지극정성을 다해 절을 합니다. 절을 해도 아무런 반응이 없지만 법당 부처님께는 지극정성을 다합니다. 그런데 왜 현장에서 즉각즉각 반응하는 살아 있는 부처님께는 지극정성으로 안 합니까? 연습장의 부처님 대하는 것의 반만큼만 본 게임장의 살아 있는 아내 부처님, 남편 부처님, 친구 부처님을 대하면 곧바로 효과가 있을 텐데 말입니다.

요즘 피겨스케이트의 여왕이라는 김연아 선수가 매스컴에 자주 나옵니다. 만약 김연아 선수가 연습장에서는 최고로 잘하는데 본 게임에서 제대로 안 한다면 스케이트 선수로 성공했을까요? 연습장에서는 최고로 잘했지만 본 게임장에서 제대로 못했다면 아무리 기량이 출중해도 아무런 의미가 없지요.

한국의 불교인들이 수행하는 것이 영락없이 이 꼴입니다. 연습장인 법당에서만, 선방에서만 열심히 합니다. 본 게임장인 삶의 현장에서는 그렇게 살지 않습니다. 그러니 삶이 성숙되지도 않고 문제가 풀리지도 않지요. 그러면서 "불교공부를 해도 효과가 없다.", "수행을 해도 잘 안 된다."고 합니다. 그럴 수밖에 없죠. 연습장에서만 열심히 할 뿐 연습한 것을 본 게임장에서는 발휘하지 않으니까요. 물어볼 것도 없습니다. 앞뒤로 곰곰이 살펴보십시오.

선수들은 연습장에서 열심히 하고 본 게임장에서는 자기가 연습한 내용을 토대로 더 전력투구합니다. 당연히 본 게임장에서 우수한 성적을 거두어 훌륭한 선수가 됩니다. 불교수행도 다르지 않습니다. 우리가 부처님께 절을 하는 것은 연습이에요. 연습은 본 게임장에서 잘하려고 하는 것이죠. 그렇지 않습니까? 그런데 우리는 늘 연습만 합니다. 연습한 것을 현장으로 가져가지 않습니다. 그러니 자신의 삶도 뜻한 바대로 향상되지 않을 뿐 아니라 문제도 풀리지 않고 사람들에게도 좋은 영향을 줄 수도 없습니다. 끝없이 답답하기만 하고 신심과 원력은 갈수록 시들해지지요.

본 게임장인 현실에서는 내 마음에 안 드는 사람을 수시로 만나고, 가끔은 적대적인 사람도 만납니다. 그때마다 정신 바짝 차려서 상대의 개성과 가치를 직시하고 그 가치를 존중하면서 살기 위해 죽을힘을 다해야 합니다. 그것이 진짜 용맹정진이요 참다운 불교수행입니다. 지금 만나고 있는 그 사람이 나를 여기에 존재하도록 해주는 부처님, 하느님, 어버이라는 사실을 잊지 말고, 그 가치를 인정하고 배려하고 존중하고 감사하는 마음을 놓치지 않아야 합니다. 그렇게만 하면 십중팔구 삶의 문제가 풀립니다. 자신의 상처도 치유되고 새로운 활기도 살아납니다. 보현행원의 삶을 생활화하는 것이 참된 불교수행이고, 보현행원의 삶을 대중화하는 것이 인드라망생명공동체 운동입니다. 우리 모두 죽을힘을 다해 그렇게 살아 봅시다.

3강

칭찬여래원 稱讚如來願

칭찬은 부처도 춤추게 한다

수행자여! 부처님을 찬탄한다는 것은,

온 세상에 한량없는 수의 부처님과 보살이 계시니, 내 마땅히 깊고 뛰어난 이해와 분명한 지견을 가져 세상에서 가장 뛰어난 말솜씨로 모든 부처님의 한량없는 공덕을 찬탄하되, 미래 시간이 다하도록 끊이지 않게 계속하여 가없는 법계에 다 들리게 하는 것이니라.

◉

이렇게 하여 허공계가 다하고 중생계가 다하고 중생의 업이 다하고 중생의 번뇌가 다하면 나의 찬탄도 다하려니와, 허공계 내지 중생의 번뇌가 다함이 없으므로 나의 이 찬탄도 다함이 없어 순간순간 이어져 끊임이 없고, 몸과 말과 뜻으로 짓는 일에 지치거나 싫어하는 생각이 없는 것이니라.

◉

환절기인데 탈 없이 잘 지내셨습니까. 봄이 오면 온 세상이 분주하지요. 꽃은 꽃대로, 벌레는 벌레대로, 나무는 나무대로, 새는 새대로, 사람은 사람대로 세상을 가꾸고 삶을 바꾸기 위해 부지런히 움직입니다. 저도 지구별을 가꾸기 위해 내 방 앞마당을 가꾸느라 머리로 궁리도 하고 손발로 이렇게도 해보고 저렇게도 해보고 나름 열심히 하루를 보냅니다. 바쁘게 살아야 하는 계절인 만큼 절집도 세상과 함께 돌아갑니다. 특히 부처님오신날이 한 달 앞으로 다가왔기 때문에 한 해 가운데 제일 바쁘게 돌아가고 있습니다.

사실, 실상을 살펴보면 어느 한순간도 부지런히 움직이지 않을 때가 없습니다. 해도 달도 바람도 물도 밤낮없이 활동하기 때문에 지구별도 빛나고 우리 삶도 가능합니다. 그렇게 보면 부처님이 왜 마지막 유언으로 불방일不放逸 즉 게으르지 말고 부지런히 정진하라고 했는지 수긍이 갑니다. 세상 이치가 그러하므로 우리가 그 이치에 따라 부지런히 정진해야 마땅하지 않겠습니까.

칭찬, 부처님이 맨 처음 하신 일

오늘은 보현십대행원 두 번째 시간으로, 칭찬여래원稱讚如來願 즉 "모든 여래의 공덕을 찬탄하는 삶을 살겠습니다."를 공부하는 날입니다. 본래부처의 세계관인 인드라망 논리로 바꾸면 "모든 인드라망 존재의 공덕을 찬탄하는 삶을 살겠습니다."가 됩니다. 언제나 모든 여래 즉 모든 인드라망 존재를 칭찬하는 삶을 살겠다는 뜻입니다.

칭찬은 무엇일까요? 예경이 마음과 몸으로 하는 것이라면 칭찬은 마음과 입으로 하는 것입니다. 예경이 몸으로 부처님께 바치는 신업身業이라면 칭찬은 입으로 부처님의 거룩함과 고마움을 찬탄하는 구업口業입니다.

잘 모르시죠? 부처님이 세상에 처음 오셔서 하신 일이 무엇인지. 경전에 보면 부처님이 세상에 오자마자 최초로 하신 행위가 칭찬여래입니다. 인류역사상 가장 거룩한 첫 행위, 만생명에게 희망의 등불을 밝혀 준 가장 고마운 첫 행위가 바로 부처님이 하신 칭찬여래였습니다. 무슨 이야기를 하려고 하는 것인지 짐작이 잘 안 되시죠? 여기서 그 첫 행위가 역사적 사실이냐 아니냐를 따지지는 않겠습니다. 어쩌면 그 첫 행위는 부처님이 일생 동안 하신 일을 한 마디로 함축한 표현인지도 모릅니다.

그럼 부처님은 칭찬여래를 어떻게 했을까요?

『불본행집경佛本行集經』에서는 '천상천하 유아독존'이라고 했고, 『열반경』에서는 '개유불성皆有佛性'이라고 했고, 『법화경』과 『화엄경』에서는 '본래성불, 본래부처'라고 했습니다. 부처님은 인류역사상 유일무이하다고 할 정도로 최고의 찬탄을 했습니다. 천상천하 유아독존, 이 한 마디가 천지를 진동케 했습니다. 삼라만상으로 하여금 너울너울 춤추게 했습니다. 눈먼 자를 눈뜨게 하고 길 잃은 자는 길을 찾게 했습니다. 앉은뱅이를 벌떡 일어나 걷게 하고 병을 앓는 자는 바로 낫게 했습니다. 불안한 자를 안락하게 했고 절망에 빠진 자는 희망을 갖게 했습니다.

천상천하 유아독존, 이 한 마디는 존재의 거룩함, 존재의 고마움에 대한 극찬입니다. 인류에게 준 최고의 선물입니다. 이 한 마디면 끝나는 거죠. 이 세상 그 무엇도 더 보탤 것이 없습니다.

같은 맥락에서 임제 선사는 "부처를 만나면 부처를 죽여라.", "부처가 따로 있지 않다. 보고 듣고 말하는 그대가 그대로 부처다."라고 했습니다. 자기 존재, 상대 존재에 대해 찬탄에 찬탄을 거듭한 것이죠. 참으로 대단합니다. 너무 고맙고 고맙습니다. 어찌 지심귀명례至心歸命禮하지 않을 수 있겠습니까.

'밥'을 예로 들어볼까요?

내 생명에 있어서 밥은 부처님이고 부모님이고 하느님입니다. 따라서 그 가치를 인정하고 존중하는 행위인 예경제불은 너무나 당연한 것입니다.

입으로는 어떻게 합니까? 그 밥의 중요성을 말해야 합니다. "돈보다 더 중요한 게 밥이다. 명예나 권력보다 더 중요한 게 밥이다. 지식보다도, 자동차나 컴퓨터보다도 더 중요한 게 밥이다."라고 말해야 합니다. 밥의 존재가치가 갖는 그 거룩함, 밥의 존재가치가 갖는 그 고마움, 그 위대함에 대해 자신 있게 이야기하고, 더 잘 드러내려고 노력해서 만인이 그 거룩함을 알게 하는 것입니다. 그게 바로 여래 즉 인드라망 존재를 칭찬하는 것입니다.

칭찬 한 마디가
당신의 인생을 바꾼다

칭찬하는 행위에는 두 가지 공덕이 따릅니다.

첫 번째 공덕은 칭찬하는 사람 자신의 구업口業이 더 정화되고, 나아가 구업이 더 좋아지는 것입니다. 절에 오면 구업을 짓지 말라는 말을 많이 듣죠. 경전을 읽을 때도 정구업진언淨口業眞言을 먼저 합니다. 왜 그럴까요?

삶에서 언어가 차지하는 비중이 그만큼 중요하고 크기 때문입니다. 어쩌면 인간들의 삶이 모두 언어로 드러난다고 해도 과언이 아닙니다. 동시에 언어에 의해 삶이 만들어지고 있음도 사실이고요. 부처님은 언어를 대단히 중요하게 여겼고, 그만큼 언어를 잘 다루었습니다. 오죽하면 『금강경』에서 부처님을 여어자如語者, 실어자實語者, 불이어자不異語者, 불망어자不妄語者라고 정의했겠습니까. 팔만사천 법문을 하신 걸로 봐도 부처님이 언어를 얼마나 중요하게 여겼는지는 충분히 짐작하고도 남는 일이지요. 보통 우리는 마음과 행동이 중요하지 말이 뭐 중요하냐고들 합니다. 하지만 잘 살펴보십시오. 실제로 어떻습니까?

"말 한 마디로 천 냥 빚을 갚는다.", "입은 재앙의 문이다."라는 격언이 진리로 받아들여지고 있는 것을 보면, 말이 우리의 운명을 좌우하고 있다고 해도 틀리지 않습니다.

"말 한 마디로 천 냥 빚을 갚는다."는 말의 본뜻이 무엇입니까? '말로 삶의 문제가 잘 해결된다', '말로 절망에서 희망의 문을 활짝 열어젖힌다'는 이야기입니다. 인간의 운명이 어둠의 나락에서 밝음의 낙원으로 바뀌는 것이지 않습니까. 언어의 위력이 얼마나 대단하면 운명을 바꾸어 놓을까요? 그 위력이 참으로 신비롭지요.

"입은 재앙의 문이다."라는 말은 또 무슨 뜻일까요? '말로 인생을 그르친다', '말로 삶을 망친다'는 이야기입니다. '밝음에서 어둠으로'입니다. 희망에서 절망으로, 행복에서 불행으로 인간의 운명을 바꾸어 놓다니 말이 참으로 두렵고 두렵습니다. 언어가 우리 삶을 웃게도 하고 울게도 하고 있습니다. 언어가 우리 삶을 밝게도 하고 어둡게도 하고 있습니다. 언어가 우리 운명을 좌지우지하고 있습니다. 언어의 실상, 삶의 실상을 알고 보면 언어는 도깨비 방망이입니다. 언어가 삶의 전부라고 할 수 있을 정도로 그 위력이 막강합니다. 깊이 생각하고 또 생각할 일입니다.

우리는 습관적으로 좋지 않은 구업을 짓고 삽니다. 꼭 남을 비난하는 것만이 구업이 아닙니다. 전도몽상의 생각을 갖고 살면 저절로 나쁜 구업을 짓고 살게 됩니다. "밥보다 권력이 중요해. 밥보다 명예가, 밥보다 지식이 더 중요해."라고 말하는 것도 다 구업입니다. 전도된 소견, 전도된 말을 무책임하게 내뱉고 있으니 그게 구업이 아니고 무엇이겠습니까.

우리 속담에 "사촌이 땅을 사면 배가 아프다."는 말이 있죠. 다른 사람의 좋은 점, 잘 되는 꼴을 못 본다는 뜻입니다. 얼마나 치사하고 옹졸합니까. 참으로 못난 짓이지요. 이처럼 우리는 다른 사람의 장점이나 잘되는 일을 사실대로 인정하고 존중하여 말로 칭찬하는 것을 잘 못합니다. 제가 보기에 우리 사회에는 언어를 잘못 다뤄서 생기는 문제가 너무 많고 너무 큽니다. 아마도 대부분의 문제가 십중팔구 언어를 잘못 다뤄서 생긴 문제일 것입니다.

우리가 나쁜 말을 하는 이유

왜 그렇게 되었을까요?

첫째, 전도몽상의 소견 때문입니다. 아까 말한 것처럼 돈보다 밥이 더 중요하다는 사실을 올바로 보고 이해하여 그에 대해 확신해야 하는데, 대부분은 그렇지 않아요. 우리의 일반적인 사고방식이 근본적으로 틀려 있습니다.

둘째, 우리가 상대의 존재가치를 제대로 볼 줄 모르기 때문입니다. 잘 관찰해 보면 우리는 대부분 내 마음에 들고 안 들고에 따라 사람의 존재가치를 판단합니다. 부부 사이에도 그렇고 친구, 동료, 이웃 간에도 그러합니다. 그러나 잘 관찰해 보면 내 마음에 들고 안 들고와는 상관없이 누구든지 존재 자체가 거룩합니다. 그리고 조금 더 잘 관찰해 보면 장점을 갖고 있지 않은 사람이 없습니다. 아무리 원수 같은 사람이라고 할지라도 그것은 내 기준이나 내 마음에 안 들 뿐이지 실상은 장점을 많이 갖고 있는 경우가 허다합니다. 그런데 우리는 그 장점을 보려고 하지 않습니다. 특히 마음에 안 드는 사람의 장점에 대해서는 거의 눈 감고 귀 막고 삽니다.

어떤 사람이 하는 행위를 잘 들여다보십시오. 장점이 단점보다 훨씬 많은 것을 알게 될 것입니다. 언뜻 보기에는 만날 나쁜 짓 많이 하고 쌈박질만 하는 것처럼 보이지만 실상은 그렇지 않습니다. 그 사람이 만날 사람들이 생각하고 말하는 것처럼 살고 있다면, 삶 자체가 가능하지 않았겠죠.

그런데 왜 실상이 잘 안 보일까요?

우리는 마음에 안 드는 게 있으면 마음에 안 드는 그 부분을 크게 받아들이고 거기에 민감하게 반응하는 습관이 있습니다. 냉철하게 사실을 사실대로 보려는 마음을 안 쓰는 것이지요.

우리는 습관적으로 대상의 한두 가지 측면만 보고 전체를 규정해 버립니다. 그러한 인간의 속성을 가장 잘 표현하고 있는 말 중 하나가 바로 '병신'입니다.

어떤 사람이 한 다리가 길고 한 다리가 짧아서 절뚝절뚝 걸어갈 때, 사람들은 "저기 저 사람 병신이네."라고 합니다.

실제로는 어떻습니까? 인간을 열 가지 측면에서 본다면, 다리 하나가 길고 짧은 것은 그중의 하나에 불과합니다. 그런데 다른 아홉 가지가 멀쩡하더라도 문제가 있는 그 하나의 부분이 전체인 것처럼 여기고 한 단어로 '병신'이라 부릅니다.

어떻습니까. 그렇게 보고 그렇게 부르는 게 적절합니까? 실제와 맞습니까? 바람직합니까? 전혀 그렇지 않지요. 그야말로 전도몽상입니다. 그리고 그 결과, 병신이라고 말하는 사람도 못쓰게 되고 병신 소리를 듣는 사람도 못쓰게 만드는 불행한 삶이 연출됩니다. 참으로 기가 막히는 일입니다. 이게 제대로 된 소견이며 말일까요? 다 전도된 소견이고 전도된 말입니다. 아홉 개가 멀쩡한데도 불구하고 한 개만 보고 싸잡아서 병신이라 하고 무시하는 것이 바로 전도몽상입니다.

그러면 어떻게 하는 것이 실상을 사실대로 보는 것일까요.

먼저, 그 사람이 한 가지가 온전하지 못하지만 아홉 개가 온전하기 때문에 "저 사람은 발에 약간 문제가 있구나." 하는 정도에서 이야기를 하는 것이 마땅하고 바람직하지요. 그렇게 할 때 사람 관계도 훨씬 품위 있어지고 삶도 좋아집니다.

다음으로, 자나 깨나 앉으나 서나 '선과 악이 다 나의 스승'이라는 관점에서 삶의 문제를 다뤄가야 합니다. 불교에서는 이를 선악개

오사善惡皆吾師라고 합니다. 우리는 좋은 것만 스승이고 나쁜 것은 스승이 아니라고 생각하는데, 실상은 그렇지 않습니다. 부처가 중생의 스승이라면 중생 역시 부처의 스승입니다. 중생이 없는 부처는 있을 수 없습니다. 중생에 의지해서만 부처가 존재합니다. 좋은 것만 스승이 아니라 나쁜 것도 다 스승입니다. 문제는 내가 어떤 관점으로 삶을 바라보느냐에 달려 있습니다. 우리가 불교수행을 제대로 하고자 한다면, 부처님 가르침에 따라 살고자 한다면, 보현행원과 팔정도의 삶을 살고자 한다면, 그런 관점과 태도로 마음을 쓰고 살아가야 합니다.

그런 관점에서 보면 다리가 하나 짧다고 해서 그 사람을 병신이라고 손가락질할 수 없습니다. 손가락질하는 마음이 사라지면 그 사람이 겪고 있는 문제, 그 사람이 앓고 있는 고통과 그 사람의 불행한 삶을 이해하는 마음이 더 생기고 도울 방법을 생각하게 됩니다. 그리고 내가 두 발을 갖고 있다는 사실이 얼마나 대단한 일이고 고마운 일인지 알게 됩니다.

칭찬의
반가운 진실

우리는 평소에 그런 것들을 모르거나 잊고 삽니다. 내가 두 발을 멀쩡하게 갖고 있다는 사실이 얼마나 소중한지, 두 눈으로 사물을 보고 두 콧구멍으로 숨 쉴 수 있다는 사실이 얼마나 소중한지 잘 모릅니다. 생각을 해볼 겨를이 없거나 대수롭지 않게 생각하고 그냥 살고 있습니다.

그렇지만 절박한 상황에 닥치면 달라집니다. 만약 누가 죽이려고 덤벼들고 있는데도 생명이 하찮게 여겨지겠어요? 불치병에 걸려서 죽게 되었어도 내 생명이 대수롭지 않게 여겨질까요? 두 다리를 다쳐서 스스로 걸을 수 없는 상황에 놓여 있다고 생각해 보세요. 두 다리가 건강하게 존재한다는 사실이 얼마나 대단하고 고마운 일인지 말로 다 설명할 수 없을 겁니다.

그런데 우리는 항상 위기가 닥쳐야 생명의 가치, 존재의 가치가 어마어마하게 중요하다는 것을 알게 됩니다. 참 불행한 일입니다. 우주와도 바꿀 수 없고 어떤 것으로도 대신할 수 없는 어마어마한 가치를 갖고 있는 것이 지금 여기 있는 내 생명 그대의 생명인데, 우리는 평소 이 점에 대해 잘 생각하지도 않고 알지도 못합니다. 실상을 못 보는 것이죠. 세상에서 가장 큰 무지가 자신의 존재가치를 모르는 일입니다. 자신의 실상을 모르는데 삶이 제대로 될 턱이 없지요. 삶을 제대로 못 사는데 어떻게 행복한 삶을 살 수 있겠습니까. 존재가치에 눈뜨는 일은 어떤 일보다도 중요하고 절실한 문제입니다. 그렇기 때문에 우리는 칭찬여래원을 주목하고, 칭찬여래원을 화두로 붙잡고 살아야 합니다. 모든 존재가 얼마나 대단한 것인지, 내 눈으로 본다는 것, 손으로 만질 수 있다는 것, 내 두 발로 딛고 서 있을 수 있다는 것이 얼마나 소중하고 대단한 것인지 생각하면서 살아야 합니다.

돈이 어떻고 부자가 어떻고 대학입시가 어떻고 하는, 부질없는 생각에서 벗어나, 우리가 평소에 별로 생각하지 못했지만 실제로는 매우 중요한 존재들의 귀함과 고마움을 생각하면서 살아 봅시다. 내 주변 사람들의 존재가치와 고마움에 대해 생각하고, 해와 달과 물과 흙과 산천초목의 고마움에 대해 생각하면서 살아 봅시다.

지금 여기 앞에 꽃이 피어 있습니다. 꽃이 참 아름답지요? 우리는 이 아름다운 꽃을 보면서 기쁨을 누립니다. 그런데 만약 저 앞에 꽃이 없다면 그 기쁨을 누릴 수 있겠습니까? 내가 아무리 좋은 눈을 갖고 있더라도 꽃이 존재하지 않는다면 아름다움을 느낄 수 없습니다. 마찬가지로 내가 아무리 뛰어난 귀를 갖고 있다 해도 저 아름다운 새소리, 물소리가 없다면 소리의 아름다움을 즐길 수 없습니다.

이게 사실입니다. 이게 실상을 제대로 보는 것입니다. 그리고 이 사실을 제대로 보자고 하는 것이 불교입니다. 이 사실에 맞게 생각하자, 말하자, 행동하자는 것이 팔정도이고, 이 사실대로 살자는 것이 보현행원입니다. 이게 기도이고 참선이고 경전 공부입니다.

그래서 첫째는 존재의 본질을 제대로 보자는 것이고, 둘째는 내 마음에 거슬려서 눈에 쉽게 들어오는 단점보다도 가급적이면 장점을 잘 보자는 것이고, 셋째는 그게 단점이라고 하더라도 그 단점을 통해서 내 인생과 세상에 대해 새로운 안목을 열어 가자고 하는 것입니다. 그리고 그러한 것을 언어로 표현해 내면 여래를 칭찬하는 보현행을 실천한다고 할 수 있습니다.

이제 여기 오신 분들은 반드시 실제로 부부관계나 가족관계, 주변 사람들과의 관계에서 잘 실천하시길 바랍니다. 남편은 아내의, 아내는 남편의 장점을 찾아보세요. 그리고 '저게 장점이구나' 하고 속으로만 알고 있지 말고 겉으로 표현하세요. 상대의 장점을 찾아서 계속 말로 드러내는 작업을 해보세요. 그것을 마음과 말로 인정하고 존중하고 드러내는 실천을 해보세요.

그러면 어떻게 되겠습니까? 상대의 장점을 볼 줄 아는 그 사람, 상대에게 말로 표현할 줄 아는 그 사람은 마음이 편안하겠습니까 불편하겠습니까? 당연히 편안합니다. 또 그 장점을 인정하고 존중하고 말로 드러낼 줄 아는 그 사람은 인품이 괜찮은 사람이겠습니까 아니겠습니까? 당연히 괜찮은 사람이죠.

우리가 존재의 본질을 드러내고 장점을 잘 드러내는 것은 남을 위해서 하는 일이 아닙니다. 내가 좀 더 고상하고 품위 있어지기 위해서, 내 삶이 좀 더 안정되고 너그럽고 평화로워지기 위해서 하는 것입니다. 이게 여래를 칭찬했을 때 오는 첫 번째 공덕입니다.

나도 좋고
남도 좋은 일

칭찬하는 일에는 또 하나의 공덕이 있습니다.

나도 몰랐던 나의 장점을 사실대로 보고 제대로 밝혀 인정해 준 누군가가 있다고 칩시다. 그 일을 한 그 사람은 기분 좋겠습니까 안 좋겠습니까? 흐뭇하겠습니까 안 흐뭇하겠습니까? 당연히 그 사람은 기분 좋고 흐뭇할 겁니다. 기분 좋고 흐뭇한 그 사람은 다음에 무엇을 하겠습니까? 다른 사람의 장점을 발견해 칭찬하는 자기의 장점을 계속 키워 가지 않겠습니까. 장차 기분 좋고 흐뭇한 일이 더 자주 있겠지요.

시선을 칭찬을 받은 내게로 돌려 봅시다. 칭찬을 받으면 기분이 어떻습니까? 당연히 좋습니다. 그럼 다음에 어떻게 하겠습니까? 칭찬 받은 내 장점을 키워 가겠지요. 장점이 커지면 기분 좋고 흐뭇한 일이 더 자주 있을 겁니다.

정리해 봅시다. 칭찬하는 보현행원은 누구에게 이익이 돌아가는 행위입니까? 여래를 칭찬하는 보현행원을 실천했을 때 그게 실제 누구에게 이익이 돌아갑니까? 자타에게 다 돌아갑니다. 불교에서는 이를 일컬어 나도 좋고 남도 좋게 한다는 의미인 자리이타自利利他라고 합니다.

사람들은 만날 자리가 먼저냐 이타가 먼저냐를 갖고 논쟁을 일삼는데, 그것은 불교를 제대로 몰라서 하는 소리입니다. 불교는 일반적인 사고방식과 다릅니다. 일반적으로 사람들은 나에게 이로우면 너에게 해롭고, 너에게 이로우면 나에게 해로울 거라고 봅니다. 하지만 불교의 사고방식대로 생각하고 부처님 가르침대로 세상을 살면 자타에게 동시에 이익이 되게 되어 있습니다. 그것을 나에게 적용해도 너에게 적용해도 서로에게 이익이 되게 되어 있습니다. 그래서 부처님 가르침이 훌륭하다고 하는 것입니다.

어디에 적용을 하든 동시에 유익한 것이 존재의 법칙 즉 부처님 가르침입니다. 그래서 삶이 수행이 되고 수행이 삶이 됩니다. 만약 내가 참선을 하고 기도를 하고 경전 공부를 하더라도, 삶이 수행이 되지 않고 수행이 삶이 되지 않는다면 불교를 잘못 공부하고 있는 것입니다. 우리는 끊임없이 "삶이 수행이 되고 수행이 삶이 되고 있는가?"를 점검하면서 가야 합니다.

지금까지 부처님의 사상과 정신을 가장 풍부하게 잘 표현하고 있는 화엄의 내용, 그중에서도 보현행원의 칭찬여래원을 어떻게 삶에서 살아 낼 것인지에 대해 함께 이야기를 나눠 봤습니다.

다시 한 번 정리합니다. 칭찬여래원은 "본래부처인 모든 존재들에게 마음과 몸으로 정성을 다해서 예경하듯이, 마음과 입으로 정성을 다해 모든 존재들이 갖고 있는 거룩하고 고마운 공덕을 칭찬해야 한다."는 것입니다. 그 존재가 남편일 수도 아내일 수도 있고, 이웃이나 친구 또는 자연일 수도 있습니다. 대상이 무엇이든 그 존재가치를 사실대로 보고 입으로 잘 드러내 줍시다. 그래야 다른 사람도 그 사실을 잘 알지 않겠습니까.

이런 마음으로 여래를 칭찬하는 삶을 생활화합시다.

4장

광수공양원 廣修供養願

먹었으면
똥이라도
싸라

◉

수행자여! 또 널리 공양한다는 것은,

온 세상에 한량없는 수의 부처님과 보살이 계시니, 내가 보현행원의 원력으로 깊은 믿음과 분명한 지견을 일으켜 세상에서 으뜸가는 여러 가지 묘한 공양물로 항상 공양하는 것이니라.

수행자여! 모든 공양 가운데 법공양이 으뜸이니,

이른바 부처님 말씀대로 수행하는 공양이며, 중생들을 이롭게 하는 공양이며, 중생을 거둬들이는 공양이며, 중생의 고통을 대신 받는 공양이며, 선근을 부지런히 닦는 공양이며, 보살 업을 버리지 않는 공양이며, 보리심을 잃지 않는 공양이니라.

수행자여! 많은 공양물로 얻는 공덕을 일념 동안 닦은 법공양 공덕에 비한다면 백분의 일도 되지 못하며, 천분의 일도 되지 못하며, 무한수분의 일도 되지 못하느니라.

◉

◉

무슨 까닭인가. 모든 부처님께서는 법을 가장 귀하게 여기시는 까닭이며, 법의 말씀대로 행하면 많은 부처님이 나시기 때문이니라. 또한 보살들이 법공양을 행하면 곧 여래께 공양함이 이루어지는 것이니, 이렇게 수행하는 것이 곧 참된 공양이니라.

이렇듯 넓고 크고 가장 수승한 공양을 하되, 허공계가 다하고 중생계가 다하고 중생의 업이 다하고 중생의 번뇌가 다하면 나의 공양도 다하려니와, 허공계 내지 중생의 번뇌가 다함이 없으므로 나의 이 공양도 다함이 없어 순간순간 이어져 끊임이 없고, 몸과 말과 뜻으로 짓는 일에 지치거나 싫어하는 생각이 없느니라.

◉

잘들 지내셨어요?

세상이 편안하지 않은데 어떻게 잘 지냈어요. (대중: 웃음) 그냥 대답을 그렇게 하는 거죠?

올해는 봄이 봄같지 않네요. 그래서 누가 제일 고생일까요? 대부분의 사람들은 자기가 고생하는 것만 생각하지, 다른 사람이나 다른 생명체가 얼마나 고생스러울지는 생각하지 않는 것 같아요.

그런데 돌이켜 보면 자기만 생각할 때 생각하는 만큼 더 고통이 커지고, 다른 사람이나 다른 생명체를 생각하는 삶을 살면 그만큼 자기 고통이 줄어들게 됩니다.

왜 그럴까요? 세상 진리가 그렇게 되도록 되어 있기 때문입니다.

봄이 봄같지 않아서 제일 고생하는 친구들은 아마도 매실나무나 개구리 같은 식물이나 동물 아닐까요. 우리는 날이 추우면 불을 때거나 옷을 더 껴입으면 되잖아요. 그런데 자연은 그럴 수 없잖습니까. 봄이 와서 땅 위로 고개를 내민 새싹이 춥다고 다시 들어갈 수 없으니, 봄같지 않은 날씨에 견디고 적응하느라고 정말 고생 많았겠지요.

그 다음은 누구일까요? 농민들이겠지요. 봄같지 않은 날씨의 결과로 올해는 농작물 피해가 클 거라고 해요. 특히 과수작물은 50퍼센트 정도까지 수확량이 감소할 거라는 말도 들립니다. 어쨌든 농사는 날씨의 영향을 많이 받기 때문에 일기가 불순한 상황이 오면 농민들은 그야말로 전전긍긍, 노심초사 할 수밖에 없죠.

많은 사람들이 세상이 굉장히 좋아졌다고 합니다. 현상만 보면 좋아지고 해결된 것들이 참 많습니다. 그런데 정말 좋아지고 해결된 만큼 세상도 좋아지고 근심 걱정도 줄어들었나요? 실상은 전혀 그렇지 않은 것 같아요. 근심 걱정은 오히려 더 늘어났죠. 옛날에는 추우면 어떻게 따뜻하게 할까, 배고프면 어떻게 배부르게 먹을까, 이런 정도가 근심 걱정거리였습니다. 옛날에는 인생을 살아가는 데 근심 걱정거리가 열 가지 정도였다면 지금은 백 가지 천 가지가 넘는 것 같습니다. 옛날에 비하면 대단히 편해지고 좋아진 것 같고 인간이 겪는 고통도 해결된 것이 많은데, 근심과 걱정, 불안과 공포, 고통과 불행은 훨씬 더 커졌죠. 가짓수도 많아졌고 규모도 커졌어요. 이 세상이, 이 인생살이가 기술만 갖고도 안 되고 돈만 갖고도 안 되고 명예만 갖고도 안 되고… 그렇잖아요?

한번 구체적으로 짚어 볼까요?

옛날부터 지금까지 우리가 해결하고 싶은 것, 이루고 싶은 것이 무엇입니까? 근심과 걱정, 불안과 공포, 고통과 불행에서 벗어나는 것이잖아요. 삶을 억압하고 구속하는 것들에서 벗어나 평화롭고 자유로워지고자 하는 것이 우리들의 바람이고, 그것을 위해서 온갖 것을 다 하잖아요. 지식을 늘리고 기술을 발달시키고 재산을 모으고…. 그럼에도 불구하고 삶이 자유로워지고 평화로워지지 않습니다. 그래서 결국 인간들은 부처님이나 하느님을 찾습니다. 그런데 불행하게도 우리 사회에서는 희망의 길을 제시해 줘야 할 종교마저도 길을 잃고 헤매고 있습니다. 불교 역시 그러하기 때문에 참으로 안타깝고 갑갑합니다.

왜 부처님은 고통에서 자유로울까

노래 한번 불러볼까요.
〈보현행원〉이라는 노래입니다.

내 이제 두 손 모아 청하옵나니
시방세계 부처님 우주 대광명
두 눈 어두운 이 내 몸 굽어 살피사
위없는 대법문을 널리 여소서
허공계와 중생계가 다할 때까지
오늘 세운 이 서원은 끝없사오리

가사 가운데 "두 눈 어둔 이 내 몸 굽어 살피사"라는 구절이 있습니다. 불교는 다른 게 아닙니다. "눈이 어두워서 문제가 되니까 눈을 밝게 하자. 눈만 밝아지면 된다."는 게 불교의 가르침입니다. 눈을 밝게 하는 것이 우선이고 다른 건 다 차선이에요. 인생의 실상, 문제의 답을 보고 싶다면 눈을 뜨라는 거죠. 어두운 눈이 밝아지면, 감긴 눈이 떠지면 그대로 답이 다 보이고 문제가 절로 해결되니까 그러라는 겁니다. 그래서 부처님은 눈 뜨신 분, 눈 밝으신 분이고 부처님의 팔만사천 법문의 목적도 오로지 어두운 눈을 밝히는 것, 감긴 눈을 뜨게 하는 것입니다.

그러면 눈이 밝아진 부처님, 눈을 활짝 뜬 부처님의 삶은 어땠을까요?

내가 눈을 떴거나 내 눈이 밝아진 것이 아니기 때문에 '바로 이거다!' 하고 장담은 할 수 없지만 그래도 '아, 그런 것이었겠구나' 하고 짐작은 해보았습니다. 사실 부처님의 삶도 겉으로 보면 우리랑 크게 다르지 않았어요. 눈이 밝아진 부처님도 밥을 안 먹으면 배가 고팠고, 여름이 되면 더워서 힘들었고, 겨울이 되면 추워서 힘들었죠. 먹고 마신 만큼 똥오줌도 눠야 하고, 또 상한 음식을 드시면 식중독에 걸려서 설사도 하고…. 부처님에게도 많은 고통이 있었습니다. 우리하고 크게 다른 게 없어요..

그런데 왜 부처님을 해탈하신 분, 고통에서 벗어나신 분이라고 할까요? 도대체 눈만 밝아지면 모든 고통으로부터 해탈한다, 눈만 뜨면 모든 고난과 액난으로부터 벗어난다고 하는 것은 무엇일까요? 불교에서 말하는 고통은 과연 무엇일까요? 해탈한 부처님도 우리가 겪는 많은 고통들을 똑같이 겪는 존재라면, 부처님이 고통에서 벗어났다, 문제를 해결했다고 하는 것이 과연 무엇인지 잘 생각해 볼 필요가 있습니다.

아까 말씀드린 것처럼 인간은 근심과 걱정, 불안과 공포, 고통과 불행을 해결하기 위해 온갖 노력을 다했습니다. 그 결과 물질적으로 풍요로워지고, 생활이 편리해지고, 사회적으로도 많은 것을 성취했습니다. 하지만 우리가 해결 하고자 했던 문제들, 우리가 실현하고자 했던 바람은 생각이나 말로만 있을 뿐 현실에서 해결되고 이루어진 것이 별로 없습니다.

그러면 부처님이 밝은 눈으로 본 인생의 내용은 무엇일까요? 뜬 눈으로 본 인생의 실상은 과연 어떤 것일까요? 부처님이 직접 하신 말씀을 정리해 보겠습니다. 부처님은 모든 존재의 특성을 세 가지로 말씀하셨습니다.

첫째, 세상에서 영원하다고 믿는 모든 것은 반드시 변한다는 것입니다. 우리가 영원불멸한다고 믿는 그 어떤 것도 반드시 변한다는 것이죠. 인생의 실상이 그런데도 사람들은 변하지 않기를 바라기도 하고 믿기도 합니다. '영원한 사랑' 이라는 것도 인간들의 믿음과 바람일 뿐입니다. 실제로 어떻던가요. 살아 보니 변하지 않는 게 있던가요? 그런 게 있으면 좋을 것 같죠? 하지만 안타깝게도 세상에는 변하지 않는 게 없습니다. 모든 것이 변한다는 것은 진리입니다. 그것이 물질적이든 정신적이든, 주관적이든 객관적이든, 인위적이든 자연적이든, 육체적이든 심리적이든, 무엇이라고 이름을 붙이든 간에 사람들이 영원하다고 믿고 있는 그 어떤 것도 변하지 않는 것은 없습니다. 눈 밝은 사람이란 바로 변한다는 사실을 정확하게 보는 사람을 뜻합니다.

둘째, 실상을 보면 사람들의 생각과는 달리 삶은 괴롭다는 것입니다. 이 세상 그 어떤 곳, 그 어떤 것도 분리 독립해서 스스로 완전하고 안전하고 만족스러울 수 없다는 뜻이죠. 우리는 완전한 것, 안전한 것, 만족스러운 것이 있다고 믿습니다. 그러나 실상을 보면 우리가 생각하는 그런 것은 없습니다. 우리의 바람일 뿐이죠. 우리는 완전해지기를 바라고, 안전하기를 바라고, 일체 불만족이 없기를 바랍니다. 하지만 우리의 바람이 아무리 절실해도 그 어떤 존재도 홀로 안전할 수 없습니다. 홀로 만족할 수도 완전할 수도 없습니다. 온통 그물의 그물코처럼 밀접한 관계로 이루어져 존재하기 때문에 홀로 안전해지고 완전해지고 만족스러울 수 없습니다. 한 송이 꽃이 피어나는 것도 꽃 아닌 다른 것들과의 관계 속에서만 가능합니다. 봄이 겨울처럼 추워 보십시오. 씨가 아무리 야물고 거름이 아무리 좋아도 날씨가 겨울처럼 추워버리면 꽃은 필 수 없습니다. 해와 달, 물과 흙 등 많은 조건들이 갖추어져야 꽃이 피어나는 겁니다. 씨앗 안에 꽃이 피어날 가능성이 있다고 해도 절대로 스스로 피어날 수 없습니다.

사람도 마찬가지입니다. 모든 사물이 다 그래요. 그러니 모든 존재는 홀로 완전할 수 없고, 홀로 안전할 수 없고, 홀로 만족스러운 삶을 누릴 수 없습니다. 오로지 관계를 맺는 존재들이 어떤 관계를 형성하느냐에 그 운명이 달려 있습니다. 그래서 부처님은 세상과 중생의 삶이 불타는 집 속에 있는 것과 같다[三界火宅]고 하셨습니다. 온 세상이 늘 위태위태하다는 것이죠.

우리는 만날 위기 타령을 합니다. 개인도 그렇지만 정권이 바뀔 때마다 위기 타령을 더 합니다. 경제위기가 어떻고, 사회위기가 어떻고… 항상 위기 타령이지요.

그런데 잘 생각해 보세요. 세상이, 사회가, 우리의 삶이 위험하지 않은 적이 한 번이라도 있었나요? 늘 삐거덕거립니다. 우리들의 일상을 주의 깊게 잘 들여다보면 선명하게 보입니다. 숨 한 번 잘못 쉬면 어떻게 되나요? 바로 고통이고 죽음입니다. 세상 모든 것이 다 그렇습니다. 이 세상은 항상 위험한 곳이고 우리는 항상 위험 속에 놓여 있습니다. 세상은 위험하다는 것, 삶이 고苦라는 것도 존재의 절대적인 법칙이요 진리입니다. 변화가 법칙이듯이, 우리가 항상 위험 속에 놓여 있다는 것도 법칙입니다.

그 어떤 존재도, 그 어떤 삶도 홀로 완전할 수 없고, 안전할 수 없고, 만족할 수 없습니다. 홀로 완전한 존재라면 물을 안 마셔도 괜찮을 수 있어야 하고, 밥을 안 먹어도 괜찮을 수 있어야 하고, 공기를 호흡하지 않아도 괜찮을 수 있어야 합니다. 꽃이나 마음에 드는 것을 보지 않아도 기분이 좋을 수 있어야 합니다. 그런데 그럴 수 있습니까? 우리 기분이라는 게 그냥 절로 좋아지던가요? 아무 일도 없는데 혼자 기분 좋다고 싱글싱글, 중얼중얼 하고 다니면 뭐라고 하지요? (대중: 미쳤다고요.) 예, 미쳤다고 합니다. 혼자 히죽히죽 웃으면서 중얼거리고 다니는 사람을 미쳤다고 하잖아요. 이렇듯 이 세상에는 어떤 존재도 홀로 완전할 수 없고, 안전할 수 없고, 만족스러울 수 없어요. 세상은, 존재는 본래부터 그럴 수 없게 되어 있는 거예요. 이것이 바로 존재의 진리입니다.

셋째, 앞에 설명한 것과 겹치는 점들이 있습니다만 세상에 그 어떤 것도 분리 독립해서 홀로 존재하는 것은 없다는 것입니다. 그걸 영혼이라고 하든 정신이라고 하든 마음이라고 하든, 설령 신이라고 할지라도 분리 독립해서 스스로 혼자 알아서 제 멋대로 존재하는 것은 없습니다. 그러면 어떻게 존재합니까? 처음부터 영원 끝까지 그물의 그물코처럼 서로 의지하고 영향을 주고받으며 존재합니다.

불교에서는 앞에서 설명한 세 가지 법칙을 삼법인三法印이라고 합니다. 그리고 이걸 사실대로 알고 사실대로 보고 그 사실에 일치하도록 살아가는 사람을 깨달은 사람 즉 부처라고 부릅니다. 그리고 그렇게 보고 그렇게 알고 그렇게 살아가는 삶을 자유로운 삶, 해탈한 삶이라고 합니다. 인간이 어떻게 생각하고 말하든, 좋아하든 싫어하든, 울고 웃고, 죽고 살고에 관계없이 진리는 인정사정없고 공평무사합니다. 그러니까 복잡하게 생각하지 말고 정신 바짝 차려서 법대로 살아야 합니다.

눈 감은 사람과 눈 뜬 사람의 차이

그러면 눈이 밝은 사람 또는 눈을 뜬 사람인 부처님은 눈 어둡고 눈을 뜨지 못한 우리 중생하고 실제로 어떤 차이가 있을까요?

예를 들어 생각해 봅시다. 이 방에서 누구는 눈을 뜬 채 밖으로 나가야 하고, 누구는 눈을 감은 채 밖으로 나가야 한다고 칩시다. 눈을 뜨고 감았다는 것 외에 다른 모든 조건은 똑같습니다. 어떻게 될까요? 눈을 뜬 사람은 저 문을 찾아서 밖으로 나가는 데 헤매거나 충돌하지 않겠지요? 다 보이는데 헤매거나 충돌할 이유가 없습니다. 반면 눈을 감고 있거나 눈이 먼 사람은 끊임없이 헤매거나 충돌하겠죠. 우왕좌왕하기도 하고 벽, 기둥, 책상에 충돌하고 사람과도 충돌하겠죠. 그러나 눈 뜬 사람 눈 밝은 사람은 장애물이 있어도 해매거나 부딪치지 않고 저 문 밖으로 잘 나갈 수 있습니다.

마찬가지입니다. 우리가 불교를 제대로 하고 있는가 못하고 있는가의 차이는 바로 이런 정도의 차이입니다. 눈을 떴다고 해서 눈이 밝아졌다고 해서 돈이 더 생기는 것도 아니고, 집이 더 커지는 것도 아니고, 밥이 더 많아지는 것도 아니고, 더운 날씨가 갑자기 시원해지는 것도 아닙니다. 모든 것이 다 똑같습니다. 다만 차이가 있다면 방향과 길을 찾지 못해 헤매거나 여기저기에 충돌하는 일이 없는 삶을 살아가는 것이죠. 얼핏 생각하면 단순한 차이 같지만 사실 하늘과 땅만큼 굉장히 다릅니다. 길을 잃고 헤매지 않는 삶, 부딪치고 충돌하지 않는 삶을 해탈한 삶이라고 말합니다. 삶에도 부딪치지 않고 죽음에도 부딪치지 않고, 삶에도 걸리지 않고 죽음에도 걸리지 않는 삶입니다. 그런데 우리 중생의 삶은 길을 못 찾아 우왕좌왕 헤매고 사사건건 부딪치지요. 삶에도 걸리고 죽음에도 걸리고요.

여러분은 어떠신가요? 입버릇처럼 사는 게 힘들다, 차라리 죽는 게 낫겠다고 말은 해도 진짜 마음은 사는 게 좋죠? 그러니 "개똥밭에 굴러도 이승이 좋다."는 말도 있는 것 아니겠어요. 하지만 현실은 어떤가요? 내가 사는 걸 좋아한다고 해서, 영원히 살고 싶다고 해서 죽지 않습니까? 그런 경우 보셨어요? 인류 역사가 시작된 이래 태어나서 안 죽은 자는 없습니다. 아무리 내가 살고 싶어도 반드시 죽게 되어 있는 것이 진리라는 말입니다.

이 사실을 사실로 받아들이지 않으면 어떻게 될까요? 죽지 않을 길이 있다는 착각에 빠져 영원히 죽지 않고 살기 위해 온갖 것을 찾아 헤매게 됩니다. 하지만 죽을힘을 다해 몸부림을 치더라도 있지 않은 길이 나올 리 없습니다. 반드시 찾고 싶고 얻고 싶고 살고 싶은데 죽지 않는 길이 나오지 않으니 더 고통스럽고 절망스럽습니다. 태어난 자는 반드시 죽는다는 이 엄연한 진리는 아무도 거부할 수도 회피할 수도 없어요. 그런데도 피할 길이 있다는 착각으로 자꾸 사는 것에 매달리니 매달리는 만큼 근심과 걱정, 불안과 공포, 슬픔과 고통이 더 커질 수밖에 없습니다. 그러나 사실을 사실대로 보고, 사실대로 받아들이면 그런 착각에 빠질 일도 없고 망상에 매달릴 일도 없습니다. 삶이 훨씬 더 편안해지고 홀가분해집니다.

제가 오늘 서두에 이 말씀을 드리는 이유는 불교가 복잡해 보이지만 실은 아주 단순하다는 것을 말씀드리기 위해서입니다. 지금 말씀드린 것들을 잘 파악하고 이해하면 나머지 것들은 필요에 따라 잘 응용하면 됩니다. 마치 쌀이라는 기본재료를 갖고 필요에 따라 밥을 만들기도 하고 죽을 만들기도 하고 떡을 만들기도 하고 막걸리를 만들기도 하고 빵을 만들기도 하는 것처럼 말입니다. 하지만 아무리 좋은 기술이 있고, 아무리 뛰어난 능력이 있다 하더라도 쌀이라는 기본재료가 없으면, 밥이든 떡이든 막걸리든 죽이든 그 어느 것도 만들 수 없습니다.

불교가 그렇습니다. 부처님이 깨달은 본래 있는 법, 본래 있는 진리, 본래 있는 세상 이치를 쌀이라고 한다면 그 쌀을 가지고 응병여약應病與藥의 정신대로 상황에 따라 밥을 만들어 팔정도라고 부르고, 떡을 만들어 보현행원이라고 부르기도 하는 그런 것입니다.

받았으면 내놓는 게 법이다

오늘은 보현보살십대행원의 세 번째 시간으로, 광수공양원廣修供養願 즉 "널리 모든 부처님께 공양 올리겠습니다."를 공부하는 날입니다. 본래부처의 세계관인 인드라망 논리로 바꾸면 "모든 인드라망 존재께 공양 올리는 삶을 살겠습니다."가 됩니다.

공양을 올린다는 것은 내가 갖고 있는 것을 누구에게 내주거나 나눠주는 것입니다. 그런데 왜 그래야 할까요?

한번 봅시다. 이 세상에 내 것이 있습니까? 얼핏 보면 내 것인 것 같이 생각되지만, 하나하나 사실을 짚어서 확인해 보면 내 것이라고 주장할 수 있는 건 아무것도 없습니다. 지구라는 공간을 예로 들어 볼까요. 이 공간에서 최고의 기득권자는 누구입니까. 나입니까? 아니면 나 아닌 다른 누구입니까? 잘 살펴보면 기득권자는 자연이에요. 그렇죠? 먼저 있는 자가 기득권자잖아요. 따져보면 우리는 자연에 의지해서 살다가 간단 말입니다. 자연의 한 식구인 셈이지요.

여러분의 몸뚱이를 한번 봅시다. 여러분의 몸뚱이는 여러분 것인가요? 여러분의 몸뚱이에서 땅기운, 물기운, 불기운, 바람기운 이런 것을 다 빼면 내 것이라고 내세울 게 무엇이 있을까요? 아무것도 없습니다. '그래도 마음, 정신, 영혼, 자성, 불성… 이런 게 있지 않을까?' 하고 생각을 하는 게 인간의 마음입니다. 대부분의 사람들이 다른 것은 다 허무하게 사라진다 해도 마음이니 정신이니 영혼이니 하는 것은 영원히 변하거나 사라지지 않고 남을 거라고 믿고 있습니다. 그런데 정말 그럴까요?

지금 당장 함께 생각해 봅시다. 여기에 꽃이 있어요. 참 아름다운 꽃입니다. 아름다운 꽃을 보니 기분이 좋지요? "야, 이 꽃 참 아름답다.", "아름다운 꽃을 보니 기분이 참 좋다."고 할 때 그것을 느낌 혹은 마음활동, 정신활동이라고 하기도 합니다. 그런데 그 정신활동이 꽃과 관계없이 저 홀로 일어난 것인가요? 그렇지 않죠. 그런 일은 있을 수 없습니다. 꽃과의 관계 속에서만 우리들의 정신활동이 가능한 거예요. 활짝 핀 꽃을 보고 기분이 좋았는데 갑자기 꽃이 시들어 떨어지면 어떨 것 같으세요. 바로 슬프고 허무하겠죠. 만약 우리가 생각하고 믿는 것처럼 정신적인 것이 영원한 것이라면 꽃이 피거나 지거나 관계없이 항상 그대로여야 하잖아요. 그런데 전혀 그렇지 않습니다. 실상을 확인해 보면 사실은 내 것이라고 할 수 있는 것이 없다는 이야기죠.

밝은 눈으로 실상을 보면 내 것이라고 할 게 아무것도 없음에도 불구하고 우리는 '내 것이 있다'는 무지와 착각과 집착에 빠져 살고 있습니다. 그렇기 때문에 삶이 고단하고, 겪지 않아도 될 근심과 걱정, 불안과 공포를 겪게 됩니다. 부처님은 실재하지 않는 그 '내 것'이라는 무지와 착각과 집착을 놓아 버리면 바로 열반이고 해탈이라고 말씀하셨습니다.

본래 있는 법, 진리, 이치를 좀 더 사실적이고 인간적인 논리로 표현하면 "받았으면 내놓아야 하는 것"이 진리라고 할 수 있습니다.

사실 우리는 늘 받으면서 살고 있습니다. 부모로부터 받고, 사회로부터 받고, 자연으로부터 받고… 온통 받으면서 삽니다. 지금 여기 '나'라고 하는 존재, 지금 여기 '내 것'이라고 하는 것의 실상을 잘 보세요. 과연 내가 잘나서 또는 내 능력과 노력만으로 내가 태어났나요? 내 지식이나 재산은 내가 잘나서 또는 내 능력과 노력만으로 만들어졌는가요? 내 몸뚱이는 내가 잘나서 또는 내 능력과 노력만으로 살아가고 있는가요? 온통 다 누구에게선가 받았지요. 자연으로부터, 조상으로부터, 이웃으로부터, 사회로부터, 부모로부터 받은 거예요. 온통 얻은 것입니다. 그러니 받은 것을 내놓아야 합니다.

받았는데 안 내놓으면 어떻게 될 것 같습니까. 고통과 죽음이 따릅니다. 지금 우리 삶이 고통스럽고 불행한 것은 모두 받았는데 안 내놓으려고 하기 때문에 생긴 것입니다.

예를 들어 봅시다. 우리는 매일 밥을 먹습니다. 밥을 먹었는데 안 내놓으면 어떻게 될까요? 똥과 오줌을 내놓지 못하고 계속 밥을 먹기만 한다면 어떻게 될까요? 고통스러울뿐더러 끝내는 죽음을 맞이하게 됩니다. 왜 그렇게 됩니까? 생명의 법칙 즉 세상 이치가 그렇기 때문입니다. 그런데도 우리는 계속 먹으려고만 하고 소유하려고만 할 뿐 내놓을 생각을 안 해요. 그러니 갈등과 대립, 고통과 불행이 재생산될 수밖에 없는 것입니다.

생각, 말, 글로야 뭐든지 그럴듯하게 할 수 있습니다. 하지만 실상은 전혀 그렇지 않아요. 우리들이 내 것을 챙기고 쌓아 모으면 내 것이 많아져서 행복해질 거라고 믿는 것은 실상에 대한 무지와 착각일 뿐입니다. 실제로는 내 것으로 자꾸 챙기기만 하고 내놓지 않으면 어떤 형태로든 고통과 죽음으로 이어져요. 고통과 죽음은 당장 나한테 닥칠 수도 있고, 나와 인연 있는 관계 속에서 나타날 수도 있습니다. 따라서 우리가 살길은 내가 받은 만큼 무조건 자꾸 내놓는 것입니다. 그렇게 하는 것이 법에, 진리에 귀의하는 길이고 사람 체면을 살리는 길이에요. 자기가 가진 것을 내놓는 것, 그것을 불교에서는 '공양'이라는 말로 표현합니다.

발에 차이는 게 모두 부처님

공양이라는 말 속에는 두 가지 의미가 있습니다. 하나는 '존경의 표현'입니다. 우리는 누군가를 존경하면 무엇인가를 드리고 싶어집니다. 부처님께 공양을 올리는 것도 부처님이 너무 존경스러운 분이기 때문입니다. 공양의 다른 의미는 '감사의 표현'입니다. 우리는 고마운 사람에게는 꼭 감사의 표시를 합니다.

공양 즉 존경과 감사의 마음을 표현할 때는 정신으로 표현하기도 하고, 육체로 표현하기도 하고, 물질로 표현하기도 합니다. 정신으로 표현하면 법공양이고, 물질로 표현하면 재물공양입니다.

그럼 공양의 대상은 누구일까요? 경전에는 부처님 여래라고 되어 있습니다. 예경의 대상, 찬탄의 대상, 공양의 대상은 온통 여래 부처님이라고 되어 있어요. 매우 특별한 존재인 여래 부처님이라고 되어 있기 때문에 우리는 만날 일상생활의 현장에서 공양을 실천하려고 하기보다는 특별한 존재로 법당에 모셔진 부처님께만 공양을 올리려고 합니다. 그 결과 불교공부, 불교수행이 일상의 삶과 하나가 되지 않고 둘로 갈라집니다. 수행과 삶이 더 가까워지지 않고 반대로 더 멀어진다는 이야기입니다.

우리는 이쯤에서 여래가 어떤 존재인지 살펴볼 필요가 있습니다. 앞에서 우리는 인격적 개념인 여래 부처님을 논리적, 철학적 개념으로 바꾸면 인드라망 존재 또는 연기법의 존재라고 정리했습니다. 예를 들어 설명해 볼까요? 물은 귀합니다. 만약 이 세상의 물이 전부 금으로 바뀐다면 좋겠습니까 나쁘겠습니까? (대중: 좋아요.) 아닙니다. 절대 그렇지 않습니다. 그렇게 되면 모든 생명들이 살아갈 수 없게 됩니다. 물이 있어야 밥도 해 먹고 맥주도 만들어 마시고 하는 것 아닙니까. 먹어야 부처님도 살고 우리도 참선하고 그럴 수 있습니다. 아무리 금이 좋더라도 물이 금으로 바뀐다면 낭패인 겁니다. 절대적으로 물은 물로 있어야 합니다. 물이 물이어야 하듯, 그 개성이 절대로 바뀌면 안 되는 것을 우리는 '귀하다, 거룩하다'라고 합니다.

덧붙여 물은 대단히 고마운 존재입니다. 물은 하나밖에 없는 내 생명을 여기에 존재할 수 있도록 해주는 너무나 고마운 존재입니다. 물은 내 생명의 부처님, 하느님입니다. 거룩하고 귀하고 고마운 존재이므로 여래 부처님이라고 합니다. 그리고 그 사실을 제대로 알고 살아가는 사람을 깨달은 자, 부처님이라고 하는 겁니다.

알고 보니 어떻습니까? 우리가 예경해야 할 대상이 법당에만 있습니까? 전혀 그렇지 않죠. 온 천지에 부처 아닌 존재가 없습니다. 발에 차이는 게 모두 부처님입니다. (대중: 웃음) 예경 올릴 대상도, 찬탄해야 할 대상도, 공양 올릴 대상도 세상 곳곳에 널려 있습니다. 눈을 뜨면 눈을 뜬 대로, 귀를 열면 귀를 연 대로 보고 듣고 만나는 대상 하나하나가 모두 다 예경의 대상이고 찬탄의 대상이고 공양의 대상입니다. 상상해 보십시오. 만일 일상적으로 예경, 찬탄, 공양의 삶을 살아간다면 그 삶 자체가 기쁨이고 아름다움이고 평화고 행복 아니겠습니까. 그대로 해탈이요, 지고지순의 행복인 열반입니다. 어때요. 인생살이가 이만하면 살만 하겠지요.

앞에 예경제불원에서 예경은 몸으로 하는 것이라고 했고, 칭찬여래원에서 찬탄은 입으로 하는 것이라고 했습니다. 광수공양원에서 보면, 공양은 내가 갖고 있는 것을 바치는 일입니다. 그것이 정신적인 것이든 육체적인 것이든 물질적인 것이든 관계없습니다. 왜 그렇게 해야 하는가는 앞에서 말했듯이 그게 법의 길이기 때문입니다. 법의 길이란 만고의 진리고 만인이 반드시 가야 하는 길입니다. 그 길만이 참된 길이고 유일무이한 본래 길입니다.

아내에게, 남편에게 절하는 게 삼천배보다 낫다

다시 한 번 물어봅시다. 그 길을 가면 어떻게 됩니까? 틀림없이 우리 모두의 한결같은 바람인 해탈 열반의 행복한 삶이 일상에서 바로 이루어집니다. 그렇기 때문에 우리가 반드시 법의 길을 제대로 알고 그 길을 제대로 가야 하는 것입니다. 이 점을 명심해야 불교수행이 바람직하게 이루어집니다.

이제 일상의 삶에서 법의 길을 가는 것이 무엇인지 알아보겠습니다. 아마 살아가면서 가장 많이 부딪치는 관계가 부모와 자식, 아내와 남편의 관계일 거예요. 그 다음이 이웃, 친구, 동료와의 관계고, 범위를 더 넓히면 국가와 민족, 자연과의 관계까지 확대할 수 있겠죠. 그렇지만 너무 거창하게 가지 말고 오늘은 직접적인 관계인 아내와 남편의 관계를 생각해 봅시다.

보통 우리는 누군가를 대할 때 상대방이 본래 타고난 존재의 거룩함, 고귀함, 고마움을 생각하는 게 아니라 내 마음에 드는가 안 드는가, 나한테 잘하는가 못하는가, 나에게 유리한가 불리한가를 따집니다. 아내와 남편 사이도 그래요. 그렇게 할 경우 어떻게 됩니까? 만날 싸울 일밖에 없지요. 당연히 늘 근심과 걱정, 불안과 초조에 휩싸인 삶이 됩니다. 부모와 자식의 관계도 마찬가지입니다. 왜 그렇게 될까요?

바로 법의 길을 가지 않기 때문입니다.

그러면 법의 눈으로 존재를 본다는 것은 무엇일까요?

아내라고 하는 존재가 갖고 있는 가치, 남편이라는 존재가 갖고 있는 가치를 보는 것입니다. 내 마음에 들고 안 들고, 내게 잘하고 못하고는 다 이차적인 문제예요. 아내라고 하는 부처, 남편이라고 하는 여래가 우선입니다. 그러므로 우리는 늘 존재가치에 깨어 있어야 합니다. 그리고 아내라고 하는 여래에게, 남편이라고 하는 부처에게 존경과 고마움을 표현해야 합니다. 마음으로 표현하기도 하고, 말로 표현하기도 하고, 행동으로 표현하기도 하고, 내가 갖고 있는 무엇인가로 표현하기도 합니다. 아내라고 하는 여래, 남편이라고 하는 부처는 얼마나 귀하고 고마운 존재입니까. 부모와 자식 사이도 마찬가지입니다. 동료와 동료 사이도 그렇습니다.

그런데 우리는 존재의 본래면목을 못보고 스스로 만든 색안경인 마음에 놀아납니다. 그래서 일상적 삶이 늘 근심과 걱정으로 가득 차 있는 것입니다. 애를 쓰지만 돌아오는 결과는 갈등과 대립, 불안과 초조뿐입니다. 부처님이 끊임없이 "눈이 밝아져야 된다.", "눈을 떠야 된다."고 하시는 건 바로 이 때문입니다. 눈을 뜨고 밝은 눈으로 일차적이고 근본적인 문제 즉 존재의 본래면목을 봐야 합니다. 그 일차적이고 근본적인 문제를 중심에 놓고 살아가면 삶이 편안해지고 자유로워진다고 부처님이 말씀하셨습니다.

오늘 우리가 함께 공부하는 광수공양원도 삶의 현장에서 구체적으로 적용해야 수행과 삶이 하나가 됩니다. 그냥 대충 적당하게 해서는 안 되고 죽을힘을 다해서 실천하는 삶을 살아야 합니다.

잘 보세요. 우리는 대부분 상대방이 자기 마음에 안 들 때는 죽을힘을 다해서 싸웁니다. 싸울 때는 지지 않고 이기기 위해 젖 먹던 힘까지 다 씁니다. 그런데 정작 법의 길을 가는 데는 적당히 합니다. 그러니 뭐가 제대로 되겠습니까. 지금부터는 인위적으로 조작한 자기 색안경을 벗고 존재의 본래면목 즉 아내라고 하는 부처, 남편이라고 하는 여래, 아들이라고 하는 부처, 부모라고 하는 여래를 있는 그대로 보기 위해 죽을힘을 다해야 합니다. 그 길을 가기 위해 젖 먹던 힘까지 다 써서 노력해야 합니다. 그게 바로 수행이고 용맹정진입니다.

그런데 우리는 힘을 엉뚱한 데 쓰는 경우가 허다합니다. 일차적이고 근본적인 데 힘을 쓰지 않고 이차적이고 삼차적인 문제들에 힘을 쓰고 있는 겁니다. 길을 못 찾고 엉뚱한 곳을 찾아 헤매는 꼴이지요. 연습장인 절, 법당, 선방에서 연습 게임이라고 할 수 있는 삼천배나 장좌불와 하는 것에만 죽을힘을 쓰고, 삶의 현장에서 본 게임인 아내 부처, 남편 여래를 대할 때는 설렁설렁 대충대충 한다는 말입니다. 절, 법당, 선방에서 삼천배나 장좌불와 하는 것과, 불상과 탑에 온갖 공양물을 올리는 것은 다 연습 게임이지 본 게임이 아닙니다. 그것을 하는 이유는 본 게임을 잘하기 위해서입니다. 사람들은 거꾸로 합니다. 정말로 어처구니없는 일이지요.

인생을 그렇게 살고 불교수행을 그렇게 해선 안 됩니다. 언제나 정신 바짝 차려서 구체적인 자기 삶의 현장에서 젖 먹던 힘까지 다해서 제대로 살아야 합니다. 삼천배 하고 일만배 하고 백일기도 하고 천일기도 하듯이, 불상과 탑에 지극정성으로 공양물을 올리듯이 삶의 현장인 집에서 아내 부처, 남편 여래에게 지극정성으로 존중하는 절을 한 번 올리고, 진정으로 고마워하는 꽃 한 송이를 바쳐 보십시오. 법당과 선방에서 천배, 만배 하고 장좌불와 하는 것보다, 불상과 탑에 온갖 공양물을 올리는 것보다 훨씬 더 빠르고 좋은 효과를 볼 수 있습니다. 해보세요. 틀림이 없습니다.

인생이라는 게 본래 현장에서 애써 사는 것입니다. 세상 법칙이 그렇게 되어 있습니다. 생각해 보십시오. 우리는 일생을 살아가면서 매일 밥을 먹어야 합니다. 매 순간 숨을 쉬어야 하고, 잠자다가도 오줌이 마려우면 오줌을 누어야 합니다. 귀찮더라도 해야만 하는 일로 인생이 이루어져 있습니다. 매순간 현장에서 구체적으로 공을 들여야만 삶이 이루어지고 세상이 돌아가게 되어 있습니다.

그런데 우리는 엄연한 이 사실을 진리로 받아들이지 못하고 자꾸 있지도 않은 편한 길, 쉬운 길을 찾습니다. 천하를 다 뒤져 보십시오. 정신집중을 해서 지고지순의 경지에 들어가 찾아보십시오. 그 어디에도 그런 길은 없습니다. 그런 길이 있다고 착각하는 한, 그리고 그것을 찾아다니는 한 더 극심한 고생을 할 수밖에 없습니다. 근심과 걱정, 불안과 초조가 되풀이될 수밖에 없습니다.

우리가 지금 공부하고 있는 보현십대행원의 열 가지 큰 이야기가 말하고자 하는 바는 우리가 눈을 밝게 활짝 뜨고 제대로 살아가자는 것입니다. 열 가지 백 가지로 설명하고 있지만 근본은 연기법, 인드라망 법의 길을 가자는 다 똑같은 이야기를 하고 있습니다. 그러니까 오늘은 하나의 진리, 똑같은 법의 길을 공양이라는 내용과 형식으로 이야기하고 있는 것입니다.

부처님이 가장 반길 생일선물

모레가 부처님오신날인데 부처님오신날에 우리가 해야 할 일은 부처님 소원을 들어주는 것이겠지요. 부처님오신날의 주인공은 부처님이니까 그분을 기분 좋게 해드려야 하지 않겠어요. 그래야 진정한 생일 축하가 되겠지요. 그런데 우리는 부처님오신날을 어떻게 보냅니까? 모두들 생일을 맞은 부처님의 소원은 관심이 없고 오로지 자기 소원만 해결해 달라고 매달리지요. 아마도 부처님한테는 제일 골치 아픈 날이 사월초파일일 것 같습니다. (대중: 웃음) 내가 부처님이었다면 아마 미쳐 버렸을 거예요.

오늘 보현행원에 대해 공부하고 있는 우리까지 부처님을 미치게 하면 안 되겠죠? 부처님 생일날, 주인공인 부처님이 도망가고 싶게 만들면 되겠습니까. 대용맹심으로 죽을힘을 다해서 그분의 소원을 이루어 드려야 마땅하지 않겠습니까.

그러면 우리들이 이루어 드려야 할 부처님의 소원은 무엇일까요. 부처님 소원은 딱 한 가지입니다. "중생들이여, 감은 눈을 떠라.", "중생들이여, 꿈에서 깨어나라."죠. 지금 여기에서 그대 마음, 그대 자신이 그대로 부처임을 눈뜨고 바로 보라. 그대 마음, 그대 자신을 떠나서 특별한 부처, 거룩한 부처를 찾으려는 것은 무지와 착각의 허망한 꿈일 뿐이니 바로 꿈에서 깨어나라고 하는 것입니다.

부처님 소원대로 열린 눈, 밝은 눈으로 보면 세상과 인생이 어떻게 보일까요? 존재 하나하나가 원만구족한 본래부처로 보일 것입니다. 나도 부처고 내가 만나는 너도 부처입니다. 정말 대단하지 않습니까. 우리 자신이 부처니까 우리는 모두 무한한 자부심을 갖고 살아야 합니다. 내가 만나는 모든 사람들이 부처니까 지극정성을 다해서 예경하고, 찬탄하고, 공양해야 하는 겁니다. 부처님을 만났는데 예경을 안 하면 되겠습니까. 부처님을 만났는데 찬탄 안 하면 되겠습니까. 부처님을 만났는데 공양 안 올리면 되겠습니까.

왜 그래야만 하는가? 바로 법의 길이기 때문입니다. 법의 길이기 때문에 마땅히 그래야 하는 것입니다. 그렇게 하면 어떻게 되는가? 편안해집니다. 밝아집니다. 자유로워집니다.

그렇게 살면 살아서도 괜찮고 죽어서도 괜찮습니다. 오늘도 괜찮고 내일도 괜찮습니다. 지금 여기에서 그렇게 하지 않으면 살아서도 근심과 걱정이요, 죽어서도 근심과 걱정뿐입니다. 오늘도 근심과 걱정이요 내일도 근심과 걱정뿐입니다. 여기서도 근심과 걱정, 저기 가서도 근심과 걱정뿐입니다.

모두들 이렇게 근심과 걱정으로 인생을 살고 싶지 않잖아요. 그리고 인생을 제대로 사는 길을 부처님이 가르쳐 주셨기 때문에 부처님을 귀하게 모시고 부처님께 감사하는 거잖아요. 부처님이 이미 살아서도 괜찮고 죽어서도 괜찮고, 오늘도 괜찮고 내일도 괜찮고, 여기서도 괜찮고 저기서도 괜찮을 수 있는 길을 가르쳐 주시고 보여 주셨습니다. 지금 여기에 존재하고 있는 그대의 실상이 그대로 본래부터 부처라는 그 사실을 말입니다. 명백한 이 사실을 똑바로 알고 받아들이고 살아야 합니다.

우리가 바로 부처니까 스스로는 무한한 자부심을 갖고 살고, 상대를 지극정성을 다해서 예경하고, 찬탄하고, 공양해야 합니다. 절에 와서만이 아니라 누구에게나 그렇게 해야 하는 겁니다. 우리가 사는 현장이 본 게임장이니까 여기서 죽을힘을 다해서 젖 먹던 힘까지 다 써서 용맹정진을 하십시오. 그게 부처님의 소원입니다. 이번 부처님오신날은 부처님 소원을 꼭 들어드리는 날이 될 수 있도록 정진하십시다. 그 길만이 자신의 소원을 성취하는 길이고, 미래를 희망으로 만드는 틀림없는 길입니다. 부처님오신날을 잘 보내시기 바랍니다.

5강

참제업장원 懺除業障願

부처와 소크라테스는 통했다

◉

수행자여! 업장을 참회한다는 것은,

보살이 스스로 이렇게 생각하고 다짐하는 것이니라.

'내가 과거 한량없는 겁으로부터 탐내는 마음과 성내는 마음과 어리석은 마음으로 말미암아 몸과 말과 뜻으로 지은 모든 악한 업이 한량없고 끝이 없네. 만약 이 악업이 형체가 있는 것이라면 끝없는 허공으로 그릇을 삼아도 다 담을 수 없으리라. 내가 이제 청정한 삼업으로 널리 무한수의 세계 일체 불보살님 앞에서 지극정성으로 참회하되, 다시는 악한 업을 짓지 아니하고 항상 청정한 계행의 일체 공덕에 머물겠습니다' 하는 것이니라.

◉

이렇게 하여 허공계가 다하고 중생계가 다하고 중생의 업이 다하고 중생의 번뇌가 다하면 나의 참회도 다하려니와, 허공계 내지 중생의 번뇌가 다함이 없으므로 나의 참회도 다함이 없어 순간순간 이어져 끊임이 없고, 몸과 말과 뜻으로 짓는 일에 지치거나 싫어하는 생각이 없느니라.

안녕하세요. 오늘은 새로운 분들이 많이 오신 것 같네요. 반갑습니다.

최근 발생한 천안함 사건으로 온 국민이 가슴 아파하고 불안해하고 있죠. 그리고 4대강 문제, 세종시 문제로 우리 사회가 분열되어 첨예하게 대립하고 있습니다. 이러한 사건과 사회문제들이 우리 삶을 더욱 불편, 불안, 위험하게 하고 우리로 하여금 이런저런 걱정들을 자꾸 하게 만듭니다. 모순되고 혼란스럽고 불안하고 위험한 이런 세상을 부처님은 한마디로 '삼계화택三界火宅'이라고 했습니다.

부처님은 이렇게 말씀하셨어요. "늘 불안하고 두렵고 고달픈 것이 중생이 살고 있는 세상의 실상이다. 인간 세상이라고 하는 것이 삼계화택 즉 불타는 집 안에 머물러 있는 것과 같다."

불길에 휩싸인 집 안에 있는 사람의 심정이 어떻겠습니까. 불길에 휩싸여 있으니 두렵지 않겠습니까. 부처님의 눈으로 보면 우리 중생들의 살림살이가 꼭 그렇습니다.

그러면 부처님이나 보살님은 어떨까요? 물론 부처님도 보살님도 그 집 안에 사셨습니다. 같은 집에서 사니 차이가 없다고요? 아닙니다. 차이가 있습니다. 똑같은 상황, 똑같은 처지에 놓여 있더라도 그 상황이나 처지를 제대로 아는 것과 잘 모르는 것에는 분명한 차이가 있습니다.

부처님은 "이 중생살이가 불타는 집 속의 살림살이와 같으니 욕심낼 것도 없고 집착할 것도 없고 매달릴 것도 없다."는 것을 명확히 압니다. 그래서 어떤 것에도 걸림이 없이 편안하고 홀가분하고 자유롭게 삶을 살아갑니다. 이와 달리 우리는 실상을 잘 모릅니다. 그래서 불타는 집 속의 살림살이에 대해 쓸데없이 욕심을 부리고 부질없이 매달리고 강한 집착심으로 끌려다니면서 '사네, 못 사네' 하고 아우성을 칩니다.

하나 묻겠습니다. 세상이 어떻습니까? 내가 겨울 추위를 싫어한다고 해서 겨울이 안 오던가요? 내가 더위를 싫어한다고 해서 더운 여름이 오지 않던가요? 아무리 내가 겨울을 싫어해도 때가 되면 추운 겨울은 오기 마련이고 무더운 여름 또한 오게 되어 있습니다. 그리고 그래야만 이 세상이 세상으로 존재할 수 있고 우리 삶도 가능해집니다. 아름다운 꽃이 피는 것도 맛있는 수박이 열리는 것도 그래야만 가능합니다. 우리가 먹고사는 것, 우리가 숨 쉬고 사는 것도 마찬가지죠. 이것이 세상의 이치입니다. 그렇다면 어떻게 해야겠습니까? 우리가 거기에 잘 적응하고 조화를 이루는 지혜로운 태도가 필요하지 않겠습니까.

엄연히 존재하는 사실을 제대로 알고 사실대로 인정하고 현실의 삶에 잘 적용하는 것이 문제를 푸는 출발입니다. 부처님은 삼계화택 속에 있었지만 스스로 편안한 존재였습니다. 인류의 공동선이라는 이상과 가치를 창조하고 가꾸는 삶에 혼신의 노력을 기울인 존재입니다. 부처님이 평생 살아오신 삶은 바로 자신과 다른 사람들이 삼계화택에서도 편안하게 있으면서 참된 가치를 창조하는 삶을 살도록 하는 데 일생을 바쳐 노력한 삶이었습니다.

그동안 우리는 보현십대행원 중 세 가지를 공부했습니다.

첫 번째는 예경제불원입니다. 모든 존재는 본래부처고 거룩하므로 그 존재들을 지극하게 존중해야 하며, 그렇게 했을 때 우리 삶도 거룩해진다는 것입니다.

두 번째는 칭찬여래원입니다. 모든 존재의 거룩함과 가치, 그리고 고마움에 대해 우리의 모든 표현 능력과 방법을 동원하여 칭찬하자는 것입니다. 모든 존재에게 "당신은 너무나 거룩한 존재입니다. 너무나 고마운 존재입니다. 너무나 위대한 존재입니다."라고 기쁘고 훈훈한 마음으로 정성을 기울여 찬탄하자는 것이죠.

세 번째는 광수공양원입니다. 정말 귀한 분, 고마운 분에게는 찬탄으로도 모자랍니다. 무엇이든 바치고 싶은 마음이 듭니다. 그와 마찬가지로 모든 존재에게 감사의 마음을 표현하자는 것입니다. 당신이 존재하기에 내가 존재할 수 있고, 당신이 존재하기에 지금 여기 내 삶이 가능하다면 나를 존재할 수 있게 해준 상대들에게 당연히 고마움을 표시해야 하지 않겠습니까. 그러한 감사를 표현하는 구체적인 행위가 바로 공양을 올리는 것입니다. 마음으로도 할 수 있고 말로도 할 수 있고 행동으로도 할 수 있고 물질로도 할 수 있습니다.

그리고 오늘 보현행원의 네 번째인 '참제업장원懺除業障願'을 함께 공부할 예정입니다. 업장을 참회하는 보살행, 업장을 참회하는 수행정진이 그 내용입니다.

우리가 이전 시간에 '예경'과 '칭찬'과 '공양'에 대해 공부했는데, 진정한 의미에서 예경을 올리고 찬탄하고 공양을 올리려면 우선 우리가 갖추어야 할 조건이 있습니다. 그게 무엇이겠습니까? 예경하고 찬탄하고 공양해야 할 대상이 어떤 존재이고, 또 왜 그렇게 해야 하는지를 잘 알아야겠죠? 그리고 그렇게 예경하고 찬탄하고 공양했을 때 어떤 결과가 오는지도 잘 알아야 합니다.

참제업장도 마찬가지입니다. 업장을 참회하는 보살행, 수행을 하려면 우리가 무엇을 잘못했는지, 무엇이 문제인지를 잘 알아야 합니다. 참회의 내용을 잘 알아야 하는 거죠. 그런데 사실은 예경을 올려야 할 대상도, 칭찬을 해야 할 대상도, 공양을 올려야 할 대상도, 참회해야 할 대상도 모두 같습니다. 서로 다르지 않아요.

박사도 시인도 교수도 실은 다 바보

화엄사상과 보현행원을 구체적이고 사실적으로 잘 이해하고 실천하도록 하기 위해 만들어진 인드라망 무늬를 갖고 이야기를 해보겠습니다.

인드라망 무늬는 우리가 알아야 할 대상을 그림으로 만든 것입니다. 인드라망 무늬를 잘 알고 보면 거기에 우리가 알아야 할 대상이 무엇인지, 또 우리가 왜 예경을 올리고 찬탄을 하고 공양을 올리고 참회를 해야 하는지가 명확해집니다. 그렇게 하면 무엇이 좋고 어떤 결과가 오는지도 인드라망 무늬 속에 다 설명되어 있습니다.

아시다시피 부처님이 깨달은 법을 연기법이라고 하고, 이 연기법을 그물에 비유해서 표현한 말이 인드라망입니다. 연기적으로 이루어진 세계는 인드라망 세계, 연기적으로 존재하는 낱낱의 존재들은 인드라망 존재라고 표현할 수 있죠.

이 인드라망 세계, 인드라망 존재를 인격화한 개념이 청정법신 비로자나 부처님인데, 때로는 본래부처라고 표현하기도 합니다. '청정법신 비로자나 부처님'이란 말을 많이 들어보셨죠? 금산사나 해인사에 주불로 모셔진 부처님이 바로 비로자나 부처님입니다. 참고로 석가모니 부처님을 주불로 모신 전각을 대웅전, 아미타 부처님을 모신 전각을 극락전, 비로자나 부처님을 모신 전각을 대적광전이라고 합니다. 그리고 비로자나 부처님을 이해하기 쉽도록 시각화한 것이 인드라망 무늬라고 이해하시면 되겠습니다.

그러면 그림을 한번 살펴볼까요?(25쪽 참조) 제일 아래에 있는 그림은 누굴 닮았습니까? (대중: 사람이요.) 맞기는 하지만 오늘 우리가 말하고자 하는 내용과는 조금 거리가 있습니다. 완전히 맞는다고는 할 수 없어요. 대충 짐작으로만 알고 있는 거예요. 그래서 이 지점에서 우리가 길을 잃는 겁니다.

다시 묻겠습니다. 누굴 닮았나요? (대중: 묵묵부답) 우리 자신, 나 자신을 닮았습니다. 부처님은 인간 그 자체를 '본래부처'라고 하셨고, '유아독존唯我獨尊'이라고 하셨어요. 불교에서는 지금 여기에서 직면한 실상 즉 자신 밖의 다른 것은 그것이 무엇이든지 전부 이차적인 문제입니다. 국가나 민족, 정치, 경제, 사회, 문화, 교육, 환경, 민주주의, 진보, 보수, 나아가 부처, 보살 등 별별 이야기를 다 해도 그건 다 이차적인 문제라는 거예요.

가장 일차적인 것은 지금 직면하고 있는 자기 자신입니다. 소크라테스도 같은 말을 했죠. 또 옛말에 "지피지기知彼知己면 백전불패百戰不敗"라는 말도 있습니다. 자기를 잘 알고 상대를 잘 알면 백 번 싸워도 패배하지 않는다는 뜻입니다. 비록 전쟁터에서 만들어진 말이지만 그 안에 담긴 내용은 보편적인 진리입니다. 자기 자신을 잘 모르는 한 상대도 제대로 알 수가 없습니다. 자기 자신을 모르고 자기 자신을 제대로 다루지 못하면, 천하를 안다고 자부해도 그 알고 있는 것이 모두 무지의 연장이라는 말입니다. 비록 천하를 쥐락펴락할지라도 사실 헤매고 있는 겁니다. 사람은 자기 자신을 아는 데서부터 모든 문제를 풀어 가야 합니다.

그러나 우리는 여태 정반대로 살아 왔어요. 현대 사회의 문제가, 중생살이의 문제가 바로 여기에서 나온 겁니다. 사람들을 보면 채소 값이 얼마인지, 어떤 컴퓨터가 성능이 좋은지, 어떤 화장품이 피부에 좋은지, 어느 집의 밥맛이 좋은지 모르는 게 없어요. 남의 동네, 다른 사람에 대해서는 빠삭하게 압니다. 그런데 정작 가장 현실적이고 직접적이고 중요하고 절실하고 우선적인 문제인 자기 자신에 대해서는 거의 아는 바가 없습니다. 박사도 마찬가지고, 시인도 교수도 마찬가집니다. 정치인들이라고 해도 다를 게 없어요. 우리는 온통 현존하고 있는 자기 말고 다른 것에 대한 지식과 능력, 기술을 길러내는 데만 힘을 쏟아 왔지요. 바로 이 지점에서 우리가 방향과 길을 잃은 것입니다. 대단히 많이 알고 엄청난 무엇을 이룬 것 같은데, 정작 인생살이 자체로 보면 방향과 길을 잃고 헤맨 겁니다.

본래부처이니
당장 부처로 살라

오늘은 보현십대행원의 네 번째 시간으로, 참제업장원懺除業障願 즉 "존재의 실상에 대해 무지하고 무례하게 살아온 업장을 참회하는 삶을 살겠습니다."를 공부하는 날입니다. 본래부처의 세계관인 인드라망 논리로 바꾸면 "모든 인드라망 존재의 가치에 대해 무지하고 무례하게 살아온 업장을 참회하는 삶을 살겠습니다."가 됩니다.

그러면 이제 참제업장에 대해 이야기해 볼까요.

대체 우리가 무엇을 몰랐고, 무엇을 잘못했기에 참회를 해야 하나요? 가장 먼저 참회해야 할 내용은 자기 자신에 대해 무지하다는 사실입니다. 내가 어떤 존재인지에 대해서 모르는 것입니다. 본래부처, 유아독존, 비로자나 부처님, 인드라망 세계, 인드라망 존재, 생명의 실상, 법의 실상, 존재의 실상으로 표현되는 우리 자신에 대해서 모르는 것. 이것이 바로 첫 번째 참회의 내용입니다. 반드시 최우선으로 알아야 할 것을 모르니까 당연히 다음 일이 제대로 풀리지 않습니다.

지금부터는 '본래부처'라는 말로 이야기를 풀어 가겠습니다. '본래부처'라는 말 속에는 크게 다섯 가지 내용이 담겨 있습니다.

첫째, 우리는 매우 귀한 존재입니다. 자신이 귀한 존재이길 바랍니까, 아니면 천한 존재이길 바랍니까? 당연히 귀한 존재이길 바라는 것이 인지상정이지요. 실상을 봅시다. 천하에서 제일 귀한 존재가 무엇이겠습니까? 천상천하 유아독존, 본래부처 즉 바로 자기 자신이죠. 그렇지 않습니까. 내 생명보다 더 귀한 존재가 있습니까. 내 생명보다 더 귀한 존재는 없습니다. 그래서 천상천하 유아독존, 본래부처라고 표현되는 것입니다.

둘째, 우리는 매우 주체적인 존재입니다. 내가 주체적으로 사는 게 좋습니까, 아니면 타율적으로 사는 게 좋습니까? 주체적으로 사는 것이 좋죠. 내 인생은 누가 대신 살아 주지 않습니다. 부처님도 하느님도 절대 대신 살아 주지 않습니다. 내 인생을 내가 살아야 합니다. 숨도 내가 쉬고, 밥도 내가 먹어야 합니다. 천하의 그 누구도 내 인생을 대신 살아 줄 수 없어요. 죽으나 사나 자기 삶은 자기가 살아야 하는 매우 주체적인 존재가 바로 '나'입니다. 그러므로 본래부처요 유아독존입니다.

셋째, 우리는 매우 창조적인 존재입니다. 자신이 창조적 존재이길 바랍니까, 아니면 피조물이길 바랍니까? 당연히 창조적 존재이길 바라지요. 우리의 바람과 관계없이 실제로 인간은 그 자체가 대단히 창조적인 존재입니다. 내가 생각하고 말하고 행동하는 대로 내 삶이 만들어집니다. 사기꾼처럼 생각하고 말하고 행동하면 사기꾼의 삶이 창조되고, 부처님처럼 생각하고 말하고 행동하면 부처의 삶이 창조됩니다. 부처가 된 다음에 부처로 사는 게 아닙니다. 지금 바로 부처님처럼 생각하고 말하고 행동하느냐 안 하느냐에 따라 내 삶이 부처의 삶이 되기도 하고 안 되기도 하는 거죠.

그런데 우린 자꾸 열심히 수행해서 깨닫고, 그 다음 부처가 되고, 그 다음에 무엇인가를 하겠다는 생각을 하고 있습니다. 물론 초기불교에선 그렇게 설명하고 있습니다. 그땐 그렇게 설명할 필요가 있었기 때문에 그렇게 설명을 했습니다. 하지만 세월이 흐르고 지역이 바뀌면서 여러 상황이 달라졌습니다. 그에 따라 시대의 요구도 달라졌고요. 대승불교를 하게 된 것도 변화된 상황과 시대의 요구에 부응하기 위해서였습니다. 당시 사람들은 초기불교 시대에 비해 훨씬 고도화된 사고를 했습니다. 고도화된 사고에서 제시된 불교세계관과 수행론이 바로 대승불교의 본래부처론입니다.

본래부처란 달리 말하면 모든 가능성의 조건이 완전하게 이미 갖추어져 있기 때문에, 내가 부처로 생각하고 말하고 행동하면 그대로 곧 부처요 부처의 삶이라는 말입니다. 정말 위대한 전환입니다. 그렇기 때문에 대승불교에 오면 수행해서 부처가 되라는 가르침에서 한 걸음 더 나아가 "본래부처이니 바로 부처로 살라."고 가르칩니다. 이러한 점이 초기불교와 대승불교의 극명한 차이점이자 대승불교의 탁월함과 위대함입니다.

다시 말하면 모든 가능성이 갖추어져 있다는 사실을 '유아독존', '비로자나 부처님', '본래부처'라고 하는 겁니다. 그렇기 때문에 그 가능성을 활용하는 주체는 자신이며, 자신이 어떻게 쓰느냐에 따라 지금 내 삶이 도둑놈 삶도 되고 부처 삶도 되는 것이지요. '난 이제 도둑 인생을 살 거야'라고 마음먹고 도둑처럼 생각하고 말하고 행동하면 도둑이 되는 것이고, 반대로 '난 부처로 살 거야'라는 마음으로 부처처럼 생각하고 말하고 행동하면 바로 부처의 삶이 창조되는 겁니다. 이보다 더 위대한 창조성이 어디 있습니까? 내가 마음먹은 대로 내 인생을 만들 수 있다니 정말 대단히 창조적인 존재지요. 그러므로 본래부처요 유아독존입니다.

넷째, 우리는 매우 완성된 존재입니다. 우리는 누구 할 것 없이 완성을 향해 나아갑니다. 그런데 사실 우리는 우리의 바람과 관계없이 그 존재 자체가 이미 대단히 완성되어 있습니다. 얼마나 완성된 존재인지 사실을 확인해 봅시다.

우리는 사물을 볼 때 눈으로 봅니다. 두 눈을 갖고 어떤 사물을 볼 때 불완전한가요? 불충분합니까? 귀여운 아들딸을 보는 데 두 눈 갖고는 안 되던가요? 아름다운 꽃을 눈 두 개 갖고는 볼 수 없던가요? 눈이 하나 더 있어야 가능합니까? 어때요, 두 눈으로 충분하잖아요. 인간이란 보면서 살도록 되어 있는 존재인데, 보는 데 충분한 두 눈을 갖고 있잖아요. 모자라지도 않고 넘치지도 않습니다. 보는 데는 두 눈만 있으면 충분합니다. 그야말로 완전합니다. 어딘가를 가기 위해 걸어갈 때는 어때요. 두 발로 부족한가요? 불완전한가요? 밥을 먹는 데 입 하나 갖고는 안 되던가요? 입이 두 개나 세 개면 어떨 것 같아요? 좋을 것 같아요? 숨을 쉬고 사는 데 콧구멍 두 개 갖고는 안 되던가요?

습관에 따라 생각하지 않고 지금 이 순간의 '나'라고 하는 존재의 실상을 보니 어때요? 그야말로 대단히 완성된 존재 아닙니까. 현대 사회에서 아무리 과학이 발달했다 하더라도 인간처럼 완벽한 존재를 만들어 낼 수는 없습니다. 만약 누군가가 1조 원을 갖다 주면서 "당신 두 눈을 내게 주시오." 하면 주겠습니까? "당신 목숨을 내놓으시오." 하면 내놓겠습니까? 우리의 존재가치는 얼마라고 값을 매길 수가 없습니다. 그래서 무가보無價寶 즉 값을 매길 수 없는 보배로운 존재라고 하는 겁니다. 사실을 따져 보니 인간이 대단히 완성된 존재라는 말에 저절로 고개가 끄덕여지지요. 그러므로 본래부처요 유아독존입니다.

세상에 고맙지 않은 존재는 없다

다섯째, 우리는 매우 고마운 존재입니다. 부모와 자식을 놓고 한번 생각해 봅시다. 실상이 어떤지 살펴보면 왜 고마운 존재인지 확연해질 것입니다. 자식은 누가 낳았습니까? 당연히 부모가 낳았습니다. 그럼 부모는 누가 낳았습니까? 당연히 자식이 부모를 낳았습니다. 무슨 소린가 싶지요? 사실을 확인해 봅시다. 자식의 입장에서 부모는 고마운 존재입니까, 아닙니까? 고마운 존재죠. 낳고 길러 주신 고마운 존재입니다. 그러면 부모 입장에서는 자식이 고마운 존재입니까, 아닙니까? 고마운 존재죠. 엄마 아빠가 되고 싶을 때 자식이 없어도 엄마 아빠가 됩니까? 자식에 의지해서만, 자식과의 관계 속에서만 엄마 아빠는 성립됩니다. 자식 없는 부모는 존재할 수도 없습니다. 그러므로 부모 입장에서 자식은 하느님만큼 부처님만큼 고마운 존재지요.

이제는 눈과 발을 갖고 이야기해 볼까요. 눈만 있고 두 발이 없다고 해봅시다. 어떻겠습니까? 아무리 눈으로 천하의 비경을 발견하고 그곳에 가려 해도 발이 없으면 못 갑니다. 발이 있어야 눈으로 본 곳에 갈 수 있습니다. 눈의 입장에서 보면 발이 너무나 고마운 존재지요. 발의 입장에서 눈을 보면 어떻겠어요? 마찬가지겠죠.

남편과 아내도 마찬가지입니다. 아내가 있어 남편이 될 수 있고, 남편이 있어 아내가 될 수 있는 겁니다. 서로가 서로를 존재하게 해주는 너무나 고마운 존재입니다. 또 나의 입장에서 그대는, 인간의 입장에서 자연은 어떤 존재인가요? 모두 마찬가지지요. 그러므로 본래부처요 유아독존입니다.

이렇게 하나하나 실상을 확인해 보면 이 세상에 귀하지 않은 존재도 없고 고맙지 않은 존재도 없어요. 완성되지 않은 존재도 없고 불완전한 존재도 없습니다. 예를 들어 흙은 흙으로서 완성된 존재입니다. 흙이 완성된 존재로서 역할을 하기 때문에 꽃도 피어나고 열매도 맺고 하는 겁니다. 물이 완성된 존재이기 때문에 물에 의지해서 우리가 살아가는 겁니다. 만약에 물이 병들고 오염되어 갖추어야 할 조건들을 갖추지 못하고 불완전하다면 어떻겠습니까? 우리의 생명도 오염되고 병들고 고통스러울 수밖에 없습니다.

실상을 하나하나 확인해 보면 이 세상에 귀하지 않은 존재, 완성되지 않은 존재, 고맙지 않은 존재는 하나도 없습니다. 너무나 명명백백한 존재의 실상을 무엇이라고 불러야 할까요? 바로 청정법신 비로자나 부처님, 청정한 본래부처, 청정한 본래면목이라고 부릅니다.

그런데 불행하게도 우리들 대부분은 이 엄연한 사실에 대해 무지합니다. 세상에 이보다 더 큰 무지, 더 큰 잘못, 더 큰 손실은 없습니다. 이게 최초의 죄요 허물입니다.

그러면 무지의 반대는 무엇이죠? 바로 지혜입니다. 그러니까 지혜로운 삶이란 바로 이런 사실을 사실대로 보고, 사실대로 이해하고, 사실대로 알고, 사실대로 확신하고 살아가는 삶입니다. 그런 삶을 자비로운 삶이라고도 부릅니다. 죽을힘을 다하여 그렇게 보고 그렇게 알고 그렇게 마음 쓰고 그렇게 사는 삶이 본래부처의 삶이고, 그 삶이 무르익어 저절로 이루어지면 깨달은 자의 삶이 됩니다.

그래서 불교를 지혜와 자비의 종교라고 합니다. 대부분의 가르침이 지혜를 더 많이 강조하거나 자비를 더 많이 강조하는 데 반해 부처님은 지혜와 자비를 균형 있고 조화롭게 설명하고 있습니다. 그래서 부처님의 가르침을 가장 위대한 가르침이라고 하는 겁니다.

자, 그러면 다시 한 번 더 인드라망 무늬에 대해 생각해 볼까요. 태양이 없어도 내가 존재할 수 있습니까? 절대 불가능합니다. 태양이 내 생명을 탄생시키고 살아가게 하고 있습니다. 태양에 의지해서만 지금 내 생명이 존재합니다. 태양과의 관계를 끊으면 지금 내 생명은 존재할 수 없습니다. 그러면 나에게 태양은 어떤 존재인가요? 그대로 하느님이죠. 생명을 탄생시키는 일보다 더 거룩한 일, 더 불가사의한 일, 더 신비한 일이 어디 있겠습니까. 생명을 살아가게 하는 일보다 더 위대한 일, 더 고마운 일이 어디 있겠습니까. 어디에도 없습니다. 그렇지 않은가요?

그렇다면 태양은 나에게 너무나 거룩한 존재, 너무나 고마운 존재, 너무나 위대한 존재입니다. 마찬가지로 모든 존재가 다 그렇습니다. 여러분이 싫어하는 뱀도 마찬가지입니다. 똥도 모기도 파리도 다 마찬가지입니다. 똥이 없어도, 세상에 썩는 일이 없어도 괜찮을까요? 사람이 죽었는데 썩지 않는다고 상상해 보세요. 큰일 나겠지요. 죽고 썩으니까 천만다행이지요. 만약 사람이든 다른 생명체든 태어나기만 하고 죽지도 썩지도 않는다면 지금 여기 계신 여러분은 설 땅도 없을 것입니다. 죽고 썩는 것은 지극히 자연스러운 현상입니다. 자식을 위해서라도 죽어 줘야 하는 거예요. 그러니 여러분도 썩는다는 것, 늙는다는 것, 죽는다는 것을 감사하게 생각하고 자연스럽게 받아들일 수 있어야 합니다. 때가 되면 자연스럽게 간다는 생각을 하면 삶도 그만큼 편안해질 겁니다.

어떻습니까. 이렇게 하나하나 사실을 확인해 보니 세상에 거룩하지 않은 존재, 고맙지 않은 존재가 있습니까? 없습니다. 이 사실을 사실대로 아는 것, 이 실상을 아는 것을 지혜라고 하고 깨달음이라고 합니다.

실전에서 강한 부처님

다음으로 우리가 참회해야 할 것은 이 사실을 모르고 함부로 살아 온 업장입니다.

사실을 확인해 보니 세상에 내 생명과 무관한 게 있습니까? 또 내 생명 아닌 게 있습니까? 내 생명과 무관한 것도 없고 내 생명 아닌 것도 없지요. 그러니 세상에 함부로 해도 될 대상이 있겠습니까? 당연히 없지요. 모든 생명은 온통 다 그물의 그물코처럼 서로 연결되어 존재합니다. 온 우주는 하나의 살아 있는 그물로 이루어져 있고 낱낱의 존재들은 그물의 그물코처럼 존재합니다. 그물의 그물코는 어떻습니까. 그물이 분리되면 그물코는 존재하지 않습니다. 그물코로서의 생명이 끝나는 거예요. 세상의 모든 존재도 마찬가지예요. 온통 서로 의지하고 서로 영향을 주고받고 도움을 주고받으면서 존재하도록 되어 있다는 게 바로 진리입니다. 이것을 『화엄경』에서 '인드라망' 이라는 말로 표현했습니다.

그렇게 사실을 확인해 보면 그 자리에서 우리가 어떻게 살아야 할 것인가에 대한 답이 저절로 나옵니다. 자, 이 세상에 내 생명과 무관한 존재나 내 생명 아닌 존재가 없고 모두 거룩하고 고마운 존재들이라는 사실을 안다면 우리가 함부로 살 수 있겠습니까? 자기 마음에 안 든다고 미워하면 괜찮겠습니까? 화를 내면 되겠습니까? 대접만 받으려고 하면 쓰겠습니까? 걸핏하면 소리 꽥꽥 지르고 욕해서야 되겠습니까? 그러면 안 되겠지요. 그렇게 함부로 살지 못할 겁니다.

그런데 그러한 사실을 잘 모르기 때문에, 무지하기 때문에 함부로 살게 됩니다. 모두 본래부처인데 부처답지 않게 살고 있는 겁니다. 거듭 강조하지만 대승불교의 핵심 가르침은 "그대가 본래부처다. 그러니까 지금 바로 부처답게 살라!" 입니다. 이 점이 대승불교의 가르침이 탁월하고 위대하다고 하는 이유입니다. 그리고 이 가르침은 내 생명이 어떻게 이루어졌는지 그 실상을 잘 살펴보면 바로 증명되는 아주 구체적인 사실, 구체적인 진실입니다.

누구나 함께 이야기하면 이해할 수 있고 공감할 수 있고 현실에서 증명할 수 있도록 설명하는 것이 부처님의 가르침이고, 또 그렇게 부처님 가르침을 다루어야 한다고 부처님은 누누이 강조하셨습니다. 부처님 가르침은 바로 지금 여기의 삶에서 실현될 수 있는 가르침입니다. 먼 훗날 이루어진다고 말하는 것은 부처님 가르침이 아니에요. 우리가 목마를 때 물을 마시면 어떻게 되죠? 목마름이 며칠 몇 달 몇 년 있어야 해결되나요? 그렇지 않지요. 바로 목마름이 해결됩니다. 부처님의 가르침을 실천하는 것도 마치 그와 같습니다.

부처님 가르침이 위대하고 또 우리에게 희망의 메시지인 것은 바로 이런 점 때문입니다. 문제가 지금 바로 해결되는 거예요. "몇 년 기다려 보면 해결될 거다.", "죽은 다음에 해결될 거다." 이런 말은 믿을 게 못 돼요. 다음에 보자는 놈 믿을 게 없다면서요. (대중: 웃음)

우리 부처님은 그런 분 아닙니다. 지금 바로 여기에서 실현될 수 있는 가르침을 주셨습니다. 만약 여러분이 불교공부를 하고 있는데 무엇인가 잘 이해되지 않고 공감되지 않는다면 불교를 가르치는 사람이 잘못 가르치고 있든지 여러분이 잘못 배우고 있든지 둘 중 하나입니다. 또 현실에서 이루어지지 않고 십 년 뒤나 백 년 뒤나 내생에서 이루질 수 있다는 믿음으로 불교공부를 하고 있다면 그것도 역시 불교를 잘못 가르쳤거나 잘못 배웠거나 둘 중 하나입니다. 부처님 가르침은 절대로 그런 게 아닙니다.

각오와 실천이 없으면 참회는 말짱 꽝!

그러면 다시 참제업장 이야기로 돌아가 볼까요.

부처님은 늘 실상을 잘 보라고 말씀하셨어요. 실상이란 바로 구체적 사실, 구체적 진실을 말하는 겁니다. 존재의 실상, 법의 실상, 생명의 실상, 부처의 실상, 중생의 실상 등등은 다 같은 말이죠. 이런 실상에 대해서 무지한 것은 마치 첫 단추를 잘못 꿰는 것과 같습니다. 첫 단추를 잘못 꿰면 다음 단추도 계속 잘못 꿸 수밖에 없어요. 아까 말씀드린 것처럼 우리가 생명의 실상, 존재의 실상에 무지하면 함부로 살 수밖에 없는 것과 같습니다.

그러면 어떤 것이 함부로 사는 것일까요?

혹시 내 마음에 들면 웃고, 내 마음에 안 들면 신경질을 부리거나 버럭 화를 내십니까? 또는 내가 잘났다고 우쭐거리거나 상대가 못났다고 비웃고 무시하십니까? 그게 바로 함부로 사는 거예요. 법의 길을 무시하고 사는 것입니다. 우리가 모두 본래부처라는데 부처님이 돼 갖고 자기 마음에 안 든다고 상대방에게 마구 신경질을 내면 되겠어요? 어떤 명분으로도 그래서는 안 되는 거예요. 그것은 법에 어긋나는 삶이에요. 부처다운 삶이 아니라 철저하게 중생다운 삶이에요.

그리고 그렇게 함부로 살면 어떻게 될까요? 사람 사는 게 폼이 나는가요? 마음이 편안하고 자유로울까요? 그렇지 않잖아요. 백 번 생각해도 좋을 게 하나도 없습니다. 부처답게 생각하고 말하고 행동하지 않고 중생으로 생각하고 말하고 행동하는 한, 우리에게 돌아오는 결과는 뻔합니다. 늘 서로 불신하고 갈등하고 다툼을 일삼으니 과정도 편안하지 못하고 고달프기만 하죠. 돌아오는 결과도 불행할 뿐입니다.

따라서 우리는 무엇을 참회해야 하는가? 본래부처임을 깨닫지 못하는 무지를 참회해야 하고, 부처답지 못하게 함부로 살아온 죄를 참회해야 합니다.

그러면 부처답게 산다는 것은 어떤 것일까요? 이미 해답은 딱 나왔어요. 일단은 자기 존재, 그대의 존재가 본래 거룩한 존재라는 사실, 본래 고마운 존재라는 사실을 사실대로 알고, 사실대로 받아들이고, 지금 내가 만나고 있는 상대가 바로 그러한 존재라는 것을 인정하고 확신하는 거예요. 그런 것을 불교에서는 대신심大信心, 바른 신심이라고 합니다. 이것을 안 믿으면 신심이 아니에요. 이것을 안 믿으면 발심도 아니고 믿음도 아닙니다. 이러한 사실을 믿는 것이 정법의 믿음입니다.

그리고 그러한 신심을 갖는 사람은 본래부처로서 당연히 의젓하게 살겠지요. 부처답게 사는 거예요. 부처답게 사는 게 무엇이겠습니까. 비록 상대방이 내 마음에 안 들더라도, 불편하더라도, 나에게 조금은 손해가 오더라도, 상대방이 본래부처인 거룩한 존재이고 고마운 존재라는 것을 스스로 일깨우는 것입니다. 초기불교의 팔정도 논리로 설명하면, 존재의 실상, 본래부처를 사실대로 보고〔正見〕, 생각하고〔正思惟〕, 말하고〔正語〕, 행동하고〔正業〕, 생활하고〔正命〕, 노력하고〔正精進〕, 깨어 있고〔正念〕, 흔들리지 않고〔正定〕 살아가는 것입니다. 나아가 대승불교적으로 설명하면 본래부처임을 사실대로 보고, 흔들림 없이 인정하고 존중하고 배려하고 고마워하는 삶을 사는 것이고요. 이렇게 마음 쓰고 이렇게 말하고 이렇게 행동하는 것이 부처답게 사는 것입니다. 이게 곧 법의 길, 다르마Dharma의 길을 가는 것입니다.

정리해 보겠습니다. 우리는 먼저 본래부처라는 사실에 대해서 무지한 것, 스스로를 중생이라고 생각한 것을 참회해야 합니다. 이게 가장 일차적인 참회예요. 다음으로는 스스로를 중생이라고 생각해서 함부로 살아 온 것을 참회합니다. 함부로 살아 왔던 것을 뉘우치고 이제부터라도 부처답게 제대로 살겠다고 각성하고 다짐하는 것이죠. 이 두 가지를 함께 묶어서 행동하는 게 참회이기도 하고 발원이기도 합니다. 잘 몰랐던 것, 잘못했던 것에 대해 알고 깊이 뉘우치는 것이 참회라면, 제대로 알고 제대로 하겠다고 마음 내고 다짐하는 것은 발심이고 서원입니다.

부처답게 사는 방법을 10가지로 설명한 것이 보현보살 십대행원입니다. 지금까지 함께 공부한 네 가지를 정리하면, 모든 존재가 본래부처라는 사실을 알고, 첫째는 지극한 마음으로 예경하고, 둘째는 지극한 마음으로 칭찬찬탄하고, 셋째는 지극한 마음으로 공양을 올리고, 넷째는 본래부처임에도 불구하고 중생으로 살아 온 삶을 뉘우치고 이

제부터 부처답게 살겠다고 다짐하는 것입니다. 이런 게 부처답게 사는 행行입니다.

이것을 실천해야 할 주체는 바로 자기 자신입니다. 실천해야 할 대상은 누구일까요? 아내 입장에서는 남편이고 자녀의 입장에서는 부모고 내 입장에서는 너겠지요. 그 역도 성립합니다. 그리고 이것을 실천해야 할 도량은 어디일까요? 그 도량은 바로 우리가 두 발을 딛고 살아가는 현장입니다. 그 도량은 여러분의 가정일 수도 있고 동네일 수도 있고 직장일 수도 있어요. 그게 다 거룩한 수행도량이요 실천도량입니다.

보현행원 10가지 안에는 따로 참선을 해라 명상을 해라 이런 이야기가 한 마디도 없습니다. 본래부처로 생각하고 말하고 행동하는 게 참선이고 기도고 수행입니다. 남편 입장에서는 아내를 본래부처로 여기고 말하고 행동하는 게 참선이고 기도고 수행입니다. 상대방이 본래부처임을 알고 칭찬하는 것이 참선이고 기도고 수행입니다. 상대방을 본래부처로 대접하고 공양하는 것이 참선이고 기도고 수행입니다.

그렇게 꼭 실천해 보세요. 바로 효험이 나타납니다. 여러분들이 그런 참선을 하고 그런 기도를 하고 그런 수행을 하면, 한 만큼 즉각 반응이 나타나게 되어 있어요.

'아, 오늘 본래부처가 무엇인지 알았으니 이제 나도 본래부처로 마음 쓰고 살아야지' 다짐하고 한번 해보십시오.

평소에 본래부처인 줄 몰랐던 내 아내에게 진정성을 갖고 꽃 한 송이를 공양해 보십시오. 아내의 얼굴에 웃음이 활짝 피어나지 않겠습니까. 꽃 살 돈이 없다면 말로 하세요. "아, 당신은 정말 귀한 존재야. 내게 너무 고마운 존재야." 이렇게 찬탄의 말을 한다면 어떻게 될까요? 말로 안 되면 몸으로 해보세요. 오늘은 가족들을 위한 밥상을 직접 정성껏 차리는 거예요.

다르마의 길을 따라 실천하는 생활이 참된 참선이고 기도고 수행입니다. 그 수행이 현실에서 바로 효험이 있겠습니까, 없겠습니까? 이건 의심의 여지가 없겠지요. 두 번 설명할 필요가 없습니다. 불교는 이런 겁니다. 거듭 말하지만 본래부처로 부처답게 마음 쓰고 말하고 행동하며 살아가는 것이 참선이고 기도고 수행입니다. 왜 그래야 하는가? 이것이 바로 법의 길, 진리의 길이기 때문입니다. 그렇게 살면 우리의 삶이 아름다워지고 평화로워지고 자유로워지고 행복해지기 때문입니다. 그래서 그 길을 가자고 하는 것이 불교입니다.

한 가지 덧붙이면, 참회는 "잘못했습니다.", "죄송합니다." 하는 것만 갖고는 안 됩니다. 진정한 참회는 잘못을 고치겠다는 각오와 실천이 있어야 합니다. 반드시 고쳐야 참회가 되는 것입니다. "본래부처인데 중생이라고 착각하고 살아 온 것을 참회합니다. 오늘부터 본래부처임을 알고 본래부처로 살겠습니다." 하고 실제 본래부처로 살아야 진정한 참회입니다. 내가 본래부처임을 알고, 또 모든 존재가, 상대방이 본래부처임을 알아야 합니다. 본래부처인 상대방을 예경하고 찬탄하고 공양하는 것이 내가 본래부처로 사는 길입니다.

오늘 이 순간부터 우리는 "나는 중생이야."라는 잘못된 안목과 잘못된 믿음을 버립시다. 그리고 내가 본래부처라는 사실을 알고 본래부처라는 확신을 가집시다. 그리고 중생으로 형편없이 초라하게 살았던 삶을 버리고, 이제는 부처로서 좀 더 폼 나고 의젓하게 삽시다. 이게 진정한 참선이고 기도고 명상이고 수행입니다. 그렇게만 살면 틀림없이 여러분들에게 '날마다 좋은 날'이 열릴 것입니다. 우리 함께 지극한 마음으로 참회하고 발원하는 수행을 합시다. 고맙습니다.

6강

수희공덕원 隨喜功德願

잘 보면
기뻐할
일투성이다

◉

수행자여! 다른 사람이 지은 공덕을 함께 기뻐한다는 것은,

온 세상 모든 부처님께서 처음 발심하실 때로부터 몸과 목숨을 돌보지 아니하고, 오랜 겁 동안 온갖 어려운 행과 고행으로 가지가지 바라밀문을 원만하게 이루었으며, 가지가지 보살지위의 지혜를 증득하여 들어가며, 모든 부처님의 위없는 보리를 성취하며, 대열반을 위하여 부지런히 복덕을 닦으시고, 열반에 드신 뒤에 사리를 나눌 때까지의 모든 선근을 내가 다 따라 기뻐하는 것이니라.

◉

또 저 시방 일체 세계에 사생육취 모든 종류 중생들이 짓는 착한 공덕을 한 티끌만 한 것까지도 다 따라 기뻐하며, 시방삼세의 일체 성문과 벽지불이 지은 모든 공덕을 내가 따라 기뻐하며, 일체 보살들이 한량없는 난행과 고행을 닦아서 무상정등보리를 구하는 넓고 큰 공덕을 내가 모두 따라 기뻐하는 것이니라.

이렇게 하여 허공계가 다하고 중생계가 다하고 중생의 업이 다하고 중생의 번뇌가 다하여도, 나의 이 따라 기뻐함은 다함이 없어 순간순간 이어져 끊임이 없고 몸과 말과 뜻으로 짓는 일에 지치거나 싫어하는 생각이 없느니라.

어떻게들 지내세요? 요새 비가 참 많이 오지요? 아마 지금쯤은 비가 좀 지겹다는 생각도 들 거예요. 그런데 비가 안 오면 무슨 일이 생길까요? 비가 안 오면 가물지요. 가물면 괜찮은가요? 좋은가요? 안 괜찮고 안 좋지요. 그런데 비가 또 너무 많이 오면 어떻습니까? 무슨 일이 생기지요. 홍수가 나기도 하고 비로 인한 피해도 많이 생깁니다. 물이라는 게 우리가 살아가는 데 꼭 필요한 것이지만 너무 많아도 안 되고 너무 적어도 안 되니까 알맞게 있어야 하지요. 그렇지요? 돈도 재산도 마찬가지입니다.

부처님 가르침은 바로 이런 것을 가르치고 있는 겁니다. 너무 많지도 않고 너무 적지도 않은 길입니다. 마치 비가 적당해야 생명들의 삶이 편안하고 건강하고 활발하며 꽃도 잘 피고 열매도 잘 맺는 것처럼, 우리 삶도 그렇게 알고 그렇게 살아야 한다는 것을 가르치는 것이 부처님 가르침입니다. 어려운가요? 아무 대답이 없네… 어렵다는 것인가? (대중: 쉽고 어려워요.)

'중도'란 실상의 도리에 맞게 사는 것

이와 같이 물이 너무 많아도 문제가 생기고 너무 적어도 문제가 생긴다는 것. 그래서 알맞아야 한다는 것. 이것을 불교적으로는 뭐라고 합니까? 그런 것을 '중도中道'라고 하지요. 그러면 '물은 많은 게 좋아'라고 생각하고 주장하면서 다른 견해를 받아들이지 않는 것을 불교적으로 무엇이라 합니까? '극단적 견해'라 합니다. 마찬가지로 '물은 적은 게 좋아, 많으면 못써'라고 생각하고 주장하면서 그 외의 견해를 받아들이지 않는 것은? 이것 역시 '극단적 견해'라고 합니다.

중도는 이 두 개의 극단을 떠난 것, 이 두 개의 극단으로부터 벗어난 것, 이 두 개의 극단을 버린 것입니다. '적재적소에 알맞게'라는 의미쯤 되는 것이지요. 물을 예로 들면, 물이 밭에 있는 것은 괜찮지만 잠자는 방에 있는 것은 안 되잖아요. 밭에 있더라도 너무 많지도 너무 적지도 않게 알맞게 있어야 하겠죠. 적재적소에 알맞게 있어야 사는 데 좋습니다. 그런 것을 "중도적으로 한다."라고 합니다.

이런 것을 한국불교가 너무 어렵고 복잡하게 가르치고 있으니 불교공부를 하는 사람들이 공부 좀 하겠다고 하다가 다 질려 버려요. (대중: 웃음) 십년을 해도 알 수 없고 이십년을 해도 알 수 없고 일생을 올인 해도 알 수 없고, 이런 것 같기도 하고 저런 것 같기도 하고 오리무중인 거예요.

잘 생각해 보세요. 부처님은 이미 특별하고 어렵고 복잡한 것은 다 해보셨어요. 안 해본 게 없죠. 그리고 해보는 것마다 인생을 걸었고 목숨을 걸었지요. 사람들이 생각하는 아주 특별한 것, 아주 어려운 것, 대단히 높은 것, 대단히 깊은 것, 대단히 복잡한 것들을 다 해보셨어요. 다 해보셨는데 거기에 인생의 해답이 없더라는 것이지요. 경전에서는 부처님이 다 해보신 것들을 정신주의, 물질주의 또는 고행주의, 향락주의라는 말로 표현하고 있습니다.

많은 사람들이 깊고 높은 종교체험 또는 정신통일만 하면 된다고 또는 정신통일이 최고의 길이라고 이야기합니다. 부처님도 그 길을 갑니다. 누가 봐도 그 길에서 최고 단계까지 올라갑니다. 깊고 높은 종교체험인 정신통일의 높은 경지를 경전에서는 '비상비비상처선정非想非非想處禪定'이라고 했습니다. 말도 어렵죠? 이게 무슨 말인지 저도 잘 모르지만, 하여튼 정신집중, 정신통일의 최고 단계라는 말입니다. 부처님은 그 경지까지 올라가셨습니다. 그런데 인생의 답이 안 나오는 거예요. 그래서 그 길을 버리고 떠납니다.

또 하나 고행주의. 당시 인도에서는 고행주의야말로 해탈 열반에 이르는 최고의 길이라고 했습니다. 부처님 역시 그 길을 갑니다. 경전에 고행을 실천하는 내용을 보면 그야말로 별의별 고행이 다 있습니다. 가시 위에 앉는 고행, 굶는 고행, 장시간 물구나무 서는 고행, 숨을 안 쉬는 고행, 외발로 서는 고행 등 참으로 기상천외의 것들이 많습니다. 우리로 말하면 장좌불와, 철야정진, 백일단식, 삼천배, 십만배 등 그야말로 죽기 살기로 해야 하는 것들과 비슷한 점이 없지 않습니다. 부처님도 그 길을 갑니다. 누구도 따라할 수 없는 최고의 경지까지 고행을 합니다. 그런데 역시 어떤 고행을 해도 찾고 싶었던 인생의 답이 나오지 않았습니다. 그래서 그 길을 버리고 떠납니다.

그리고 또 한 가지 향락주의가 있습니다. 향락주의는 '더 많이 갖자', '더 잘 먹자', '더 많이 쓰자', '더 편해지자' 등 인간의 욕구를 무한정 충족시키는 길을 추구하는 것입니다. 그런데 실제는 어떨까요? 더 많이 갖고, 더 잘 먹고, 더 많이 쓰고, 더 편해지기만 하면 정말 내가 또는 인간이 희망하는 평화롭고 행복한 삶이 이루어질까요? 역사적으로 보면 어쨌든 부처님은 왕자니까 육체적, 물질적 측면에서는 본인의 욕구대로 할 수 있는 위치였습니다. 그래서 욕구를 마음껏 충족시키는 삶을 살았습니다. 그런데 역시 인생의 답을 얻을 수가 없었습니다. 결국 그 길을 버리고 떠납니다.

지금 말씀드린 정신주의, 고행주의, 향락주의는 실상의 도리와는 아득히 거리가 멉니다. 실상에 어긋난다는 이야기죠. 결론을 미리 말하면 실상의 도리와 어긋나는 길을 가는 한, 일 년 내내 장좌불와를 해도 용맹정진을 해도 십만배 백만배를 해도 별 수 없습니다. 재물을 천근만근 쌓아 모아도 별 수 없고, 손가락 하나 까딱 안 하고 일생을 편하게 산다고 해도 별 수가 없습니다. 나아가 천하를 다 내 맘대로 호령할 수 있다고 해도 별 수가 없습니다.

우리가 보통 '중생살이'라고 하는데, 실상의 진리에 어긋나는 극단적 소견에 따라 살아가는 삶이 바로 중생살이입니다. 그것을 『반야심경』에서는 뭐라고 했나요? '전도몽상'이라고 했습니다. 부처님이 일생 동안 극단을 버리고 전도몽상에서 벗어난 삶을 사는 모범을 보여주셨고 그 내용을 말씀하셨습니다.

그렇다면 실상의 도리에 맞게, 또는 중도의 이치에 맞게 사는 것은 어떤 것일까요?

아까 물을 예로 들어 물이 너무 적은 것도, 너무 많은 것도 좋은 것이 아니라고 했지요? 적재적소에 알맞게 있어야 좋은 것이라고 했어요. 이게 바로 실상의 이치, 중도의 이치에 맞는다는 겁니다. 세상 이치에 맞고 경우에 맞는 것입니다.

중생살이는 불로 뛰어드는 불나비 신세

오늘 우리가 보현행원 몇 번째를 하는가요? 우리 신도님들 요즘 예습, 복습 안 하는 것 같아요. (대중: 웃음) 다섯 번째입니다. 지난 시간에 '참회업장원'을 했고, 오늘은 '수희공덕원隨喜功德願'을 공부할 차례입니다. 그런데 지난 시간에 한 참회업장원 이야기가 야물게 되지 않았다는 생각이 들어 잠깐 더 언급하고 수희공덕원으로 넘어가겠습니다.

우리 불자들이 만날 참회한다 참회한다 하면서 백팔참회 등 참회를 하긴 하는데, 우리가 무엇을 잘못해서 참회하는 걸까요? 참회업장원의 내용은 인간이 갖고 있는 가장 큰 무지, 가장 큰 잘못, 그에 따른 가장 큰 손실이 무엇인지를 말하고 있어요. 이 무지에서 깨어나기 위해서, 잘못을 되풀이하지 않기 위해서, 더 이상 손실을 보지 않기 위해서 참회해야 하는 거예요.

지난 시간에 가장 큰 무지가 뭐라고 했지요? 보세요. 예습도 복습도 안 하는 게 분명해요. 그러면서 인생이 잘 되기를 바라는 것, 이런 것을 바로 전도몽상이라고 하는 거예요. '공짜 심보'라는 거예요. (대중: 웃음) 공짜심보를 더 나쁘게 말하면 뭐죠? (대중: 도둑놈 심보요.) 그렇습니다. 한번 양심적으로 정직하게 삶을 들여다보면 우리는 대부분 공짜 심보로 살고 있습니다. 한마디로 헛된 꿈을 꾸고 있는 거죠.

헛된 꿈을 좇으면 여름밤에 불빛을 찾아간 불나비 신세를 벗어날 수 없어요. 불빛을 좇아간 불나비의 신세는 과정과 결과가 끝없는 고달픔과 아픔, 상처, 죽음뿐입니다. 일생 동안, 아니 세세생생 그렇습니다. 곰곰 생각해 보면 참으로 무서운 일입니다. 우리 중생살이가 거기에서 크게 벗어나지 않는다니.

그런데 우리로 하여금 불나비 신세를 면할 수 없도록 찬란하게 유혹하는 불빛이 무엇이겠습니까. 바로 오욕락입니다. '재색식명수財色食名睡(또는 壽). 재산, 사랑, 음식, 명예, 수명(또는 수면욕)'라고 하는 것입니다. 이 다섯 가지를 인간이 좋아하기 때문에 일반적으로 오욕락五慾樂이라고 해요. 우리는 오욕락에 휘말려 삽니다. 오욕락 때문에 헤매기도 하고 고생하기도 합니다. 오욕락의 불빛, 오욕락의 유혹에 휘말려 들지 않으려면 눈을 떠야 합니다. 큰 무지와 큰 과오와 큰 손실에 대한 대책을 세워야 한다는 것입니다.

자, 그러면 어떤 것이 가장 큰 무지일까요? 자기 존재의 실상을 모르는 게 가장 큰 무지예요. 나아가 가장 큰 잘못이고 가장 큰 손실입니다. 거듭 말씀드리지만 부처님이 일생 동안 펴신 가르침도 중생들로 하여금 본래부처로 표현되는 자기 존재의 실상에 대해 눈을 뜨게 하는 것입니다. 그리고 부처님의 가르침을 통해 우리가 해야 할 일도 모든 사람들을 눈 뜨게 하는 일이 전부입니다. 참선을 하고, 염불을 하고, 기도를 하고, 절을 하고, 경전 공부를 하고, 불교활동을 하는 것도 목적은 딱 하나임을 잊어서는 안 됩니다. 바로 너와 나, 우리 모두 감은 눈을 뜨는 것, 어두운 눈을 밝게 하는 것입니다.

그러니 우리가 일생 동안 참선하고, 염불하고, 기도하고, 백만배하고, 철야용맹정진을 하고, 장좌불와하고, 팔만대장경을 종횡으로 다 외우는 등 별별 수행을 다 한다 하더라도 눈을 못 뜨면 봉사 코끼리 만지는 일처럼 허망합니다.

그런데 눈 뜨는 일이 그렇게 복잡하고 어렵기만 한 걸까요? 꼭 그렇지만은 않습니다. 아까 물을 예로 들어 말씀드렸듯이 삶의 과학이라고 할 수 있는 중도 즉 법의 정신을 '적재적소에 알맞게' 일상의 삶 속에 그대로 적용하고 활용하면 그게 눈 뜨게 하는 수행이요, 나아가 그대로 눈 뜬 삶이 되는 거예요. 눈 뜬 삶을 살려고, 눈 뜬 세상을 만들려고 우리는 온갖 방편을 다 써봅니다. 지금 보현행원을 공부하는 것도 그런 뜻이고요. 보현행원만 잘 배우고 익히고 생활화하면, 그것이 그대로 눈 뜨는 수행이 되고 눈 뜬 삶이 됩니다.

부처님 인생은 거지 중에서도 상거지 인생

우리가 아까 법회의식을 할 때 삼귀의 중의 첫 번째로 "거룩한 부처님께 귀의합니다."라고 했습니다. 삶의 과학인 중도적 사유방식으로 이 '거룩하다'는 말에 담긴 실제 내용이 무엇인지 한번 살펴봅시다. 흔히 부처님을 표현할 때 "복덕과 지혜가 원만구족하신 분"이라고 합니다. 그렇다면 '거룩하다'라는 표현은 바로 '복덕과 지혜를 두루 갖추었다는 것'을 말하는 것이겠죠. 그래서 오늘은 지혜는 놔두고 '복덕'에 대해 이야기를 해보겠습니다.

우리는 만날 복을 빌고 복을 구하는데, 그 복이라는 게 도대체 무엇인가요? 우선 부처님의 인생 살림살이에서 그 해답을 찾아보는 것이 좋겠습니다.

부처님은 매일 문전걸식을 하며 살았습니다. 365일 문전걸식을 하면서 사신 거예요. 그리고 365일 넝마를 입었어요. 버려진 헝겊들을 모아서 옷을 만들어 입었죠. 그뿐입니까. 초기엔 365일 노숙했어요. 숲에서 자기도 하고 동굴에서도 자고 다리 밑에서도 잤지요. 넝마생활, 걸식생활, 노숙생활이 부처님 일생 동안의 의식주 생활입니다. 불교 역사가 전개되면서 절이 지어지고 생활 형태가 약간씩 변화되기도 했지만, 그렇다고 처음과 크게 다르지는 않습니다. 물론 그곳은 따뜻한 지방이니 우리와 조건이 다르긴 하지요. 하지만 분명한 것은 부처님이 일생 동안 얻어먹고 얻어 입고 얻어 잤다는 사실입니다. 거지 생활을 하신 거지요. 그런데도 우리는 그분을 표현할 때 인류 역사상 최고로 행복한 분, 지혜와 복덕이 원만구족하신 분이라고 합니다. 이상하지 않습니까?

여러분들은 불자니까 부처님처럼 되고 싶고, 부처님처럼 살고 싶겠죠? 그러면 한번 여쭙겠습니다. 정말 여러분들이 얻고 싶고, 누리고 싶은 복덕이라는 것은 무엇입니까? 부처님과 같은 것입니까? 부처님처럼 노숙하고, 걸식하고, 넝마를 걸치고 살고 싶은 건가요? 그건 아니겠죠. (대중: 웃음)

그런데 왜 거지 중에서도 상거지 인생을 사신 부처님을 최고로 행복한 분, 복덕과 지혜가 원만구족한 분이라고 하는 걸까요? 왜 그러죠? (대중: 묵묵부답)

"거룩한 부처님", "지혜와 복덕이 원만구족하신 부처님"이라는 말을 늘 입에 달고 살면서도 진정 거룩한 것이 무엇인지, 복덕이 어떤 것인지를 모르고 있으니 참으로 딱하지 않습니까? 어쩌면 이것이 한국불교의 현주소가 아닌가 합니다.

어쨌든 최고로 행복한 존재, 최고로 거룩한 존재인 부처님의 일생을 보면 부처님이 갖춘 복덕이라는 것이 우리가 생각하는 복덕과는 전혀 다르다는 걸 짐작할 수 있습니다. 만일 부처님의 복덕이 진짜라면 결국 우리가 지금 구하고, 얻고, 누리고 싶은 복덕은 가짜라는 거잖아요. 아무리 따지고 또 따져 보아도 부처님을 가짜라고 할 수는 없을 것이고. 안 그렇습니까? 여하튼 진리를 추구하는 불자라고 하면서 가짜 복을 구할 수는 없잖습니까. 그럼 진짜 복은 무엇일까요? 어떻게 하면 진짜 복을 얻을 수 있을까요?

자신의 존재가치에 눈 뜬 삶은 복되다

지난 시간에 잠깐 설명한 것처럼 지금 여기에 있는 나라고 하는 존재의 가치는 값을 매길 수 없는 보배입니다. 불교 언어로 표현하면 '천상천하 유아독존'이고, '본래부처'인 것이지요. 이 세상에서 최고일 뿐 아니라, 온 우주의 어떤 것과도 비교할 수도 바꿀 수도 없는 최고의 존재라는 말입니다. 이런 것을 '무가보無價寶' 즉 '값을 매길 수 없는 보배'라고 합니다. 너무나 대단한 것이기 때문입니다. 지금 여기에서 생명을 갖고 살아가는 '나'라는 존재의 가치가 그렇다는 겁니다. 그야말로 대단합니다. 언설로는 그 가치를 제대로 설명할 길이 없습니다. 그렇기 때문에 경전에서 신기하다, 불가사의하다고 하는 것입니다.

그런데 우리는 나의 가치를 모르고 삽니다. 반면 부처님은 우리와는 달리 그것을 확신하고 사셨습니다. 가격을 매길 수 없는 대단히 귀한 존재라는 것을 알고 살아가는 삶이 어떻겠습니까? 자신의 삶에 만족하겠습니까, 안 하겠습니까? (대중: 만족합니다.) 자부심이 있겠습니까, 없겠습니까? (대중: 있습니다.) 자신의 삶에 만족하고 자부심을 가질 수 있으면 복입니까, 아닙니까? (대중: 복입니다.) 언제 어디서나 자신의 존재가치를 제대로 알고, 제대로 확신함으로써 존재하는 그 자체로 무한한 만족을 느끼고, 무한한 자부심을 느끼며 살기 때문에 우리는 그분을 "지혜와 복덕이 원만구족한 분"이라고 하는 것입니다.

이와는 달리 우리는 존재의 실상에 대해 무지하기 때문에 무한한 만족과 자부심의 삶을 잃게 되는 겁니다. 이게 얼마나 큰 손실입니까. 원만구족한 자신의 실상이 본래부처인데, 그에 대해 무지하기 때문에 계속 자기 밖의 어딘가에 더 좋은 무엇이 있을 거라는 무지와 착각으로 계속 구걸하고 있는 셈이지요. 이런 삶을 『법화경』이나 선사들은 이렇게 이야기합니다. "자기에게 무궁무진한 보배가 있음에도 불구하고, 하느님께 또는 부처님께 구걸하는 거지 노릇을 하고 있다."라고.

자기 존재의 실상을 사실대로 잘 아는 일, 자기의 존재가치에 눈뜨는 일이야말로 진정 복과 덕을 원만하게 구족하는 일입니다.

연꽃은 연꽃이 아니다

오늘은 보현십대행원의 다섯 번째 수희공덕원隨喜功德願 즉 "부처님의 모든 공덕을 함께 기뻐하는 삶을 살겠습니다."를 공부하는 날입니다. 본래부처의 세계관인 인드라망 논리로 바꾸면 "모든 인드라망 존재의 공덕을 함께 기뻐하는 삶을 살겠습니다."가 됩니다.

수희공덕원은 말 그대로 '부처의 공덕을 함께 기뻐하는 것'입니다. 나를 이 자리에 있게 해준 모든 존재들과 내가 좋아하는 것들은 말할 것도 없고, 내가 별로 좋아하지 않는 모기, 파리, 똥과 같은 존재들의 존재 의미와 가치 즉 공덕도 깨닫고 기뻐할 수 있어야 하는 겁니다.

그러려면 나에게는 징그럽게만 보이는 굼벵이나 개구리나 뱀, 그리고 무수한 미생물이 사라지고 활동하지 않을 때, 우리가 좋아하는 저 연못의 연꽃 한 송이도 피어날 수 없다는 것을 알아야 합니다. 우리가 싫어하는 똥, 오줌, 피, 고름 등 온갖 것들이 다 저 연못에 들어가서 거름이 되기 때문에 아름다운 연꽃이 피어나고 있는 것입니다. 그런데 우리는 연꽃만 좋아할 뿐 연못에는 별로 관심이 없습니다. 더럽다고 하며 코를 막고 도망치지나 않을지 모르겠습니다. 만일 그렇다면 그것은 연꽃의 실상을 몰라서 생기는 전도된 견해입니다.

잘 보십시오. 연꽃의 실상은 연꽃이 아닌 다른 것들과의 관계, 어울림을 통해서만 존재합니다. 그러므로 그물의 그물코처럼 존재하는 연꽃의 근본과 현상, 부분과 전체를 사실대로 봐야 합니다. 그러면 저절로 여기 연꽃을 피어나게 하는 모든 존재들도 함께 좋아하게 됩니다. 혹 연못은 모른 체하거나 무시하면서 연꽃만 좋아한다면, 그것은 극단적 견해이므로 반드시 버려야 합니다. 잘못된 견해를 버리고 중도의 견해로 문제를 보고 다루어야 바로 참된 본래부처의 삶이 이루어지는 것입니다.

죽을힘을 다해
함께 기뻐합시다

'수희공덕'이란 존재가치는 물론 그에게서 이루어지는 크고 작은 모든 좋고 훌륭하고 유익한 공덕들을 모두 함께 기뻐하는 것입니다. 그렇다면 수희공덕원을 제대로 실천하기 위해서는 어떻게 해야 할까요?

첫째, 지금 여기에서 순간순간 직면하는 존재의 가치에 눈을 떠야 합니다.

나 자신의 존재가치, 나를 지금 이 자리에 있게 해준 모든 존재들의 가치를 제대로 보는 것을 '정견正見'이라고 합니다. 눈이 밝아진다,

눈을 뜬다는 것이 바로 이것이지요. 존재가치를 올바로 알고 오매불망 잊어서는 안 된다는 것입니다. 어떤 이유로든 존재가치를 놓쳐 버리면 자신도 모르게 저절로 전도몽상에 빠져들게 됩니다. 따라서 권력에 놀아나고 지식에 놀아나고 돈에 놀아나고 명예에 놀아나고 기분에 놀아나는 등 엉뚱한 데서 헤매는 것입니다.

예를 들어 아내나 남편에게 마음에 들지 않는 점이 있더라도, 상대방은 자기 마음에 들고 안 들고 이전에 본래부터 거룩한 존재라는 점을 잊어서는 안 됩니다. 자식과의 관계도 마찬가지예요. 자식을 낳은 분이 부모이듯 부모를 낳은 자는 자식입니다. 자식이 없는 한 부모는 성립되지 않습니다. 그렇기 때문에 부모가 자식에게 부처님이라면 자식도 부모에게 부처님인 것이지요. 매순간 삶을 이렇게 보는 것을 '정견'이라고 합니다. 지금 여기에서 직면하는 진실을 봐야 합니다. 선후의 문제가 아니라 늘 동시적인 것입니다.

그러므로 우리가 제일 처음에 보고 함께 기뻐해야 할 것은 모든 존재들의 가치입니다. 아내는 본래부처인 남편의 존재가치, 남편은 본래부처인 아내의 존재가치를 보아야 하는 것입니다. 본래부처로 표현되는 존재가치를 보게 되면 늘 좋지 않겠습니까? 남편을 만날 때마다 나를 존재하게 해주는 내 남편, 부처님 같은 내 남편이라고 생각하면 얼마나 좋겠습니까. 그 역도 마찬가지고요. 명백한 이 사실을 얼마나 놓치지 않고 오매불망 잘 붙잡고 사느냐가 우리 삶을 밝게 하느냐 어둡게 하느냐, 기쁘게 하느냐 슬프게 하느냐를 좌우합니다.

둘째, 상대의 실상을 있는 그대로 봐야 합니다.

살다 보면 상대방이 마음에 안 드는 경우가 정말 많죠? 그럴 때 얼른 정신 차려서 본래부처로서의 존재가치를 잘 관찰해 보세요. 실제 본인이 생각하고 느끼는 것처럼 상대방이 마음에 안 드는 짓거리를 그렇게 만날 하고 있을까요? 마음을 차분하게 가라앉히고 주의를 기울여 확인해 보면, 실제로는 마음에 안 드는 짓거리를 어쩌다 한 번 했거나 마음에 안 드는 습관을 몇 개 가지고 있는 것에 지나지 않는 경우일 수도 있어요.

사실 문제를 실제보다 확대해서 보고, 그에 대한 불만을 계속 붙잡고 가는 경우가 대부분이에요. 응무소주 이생기심應無所住 而生其心 즉 과거에 머물지 말고 현재의 마음을 내야 하는데 그렇게 안 하는 거죠. 오늘도 마음에 안 들었던 어제의 마음을 붙잡고 내일도 붙잡고… 그렇게 계속 붙잡고 가니까 상대방이 만날 마음에 안 드는 짓거리만 하고 있는 것처럼 보이는 겁니다. 직면한 실상을 보는 것이 아니라 습관대로 보고 반응하는 겁니다. 이게 바로 무지와 착각이에요. 아마 상대가 내 생각처럼 실제로 만날 마음에 안 드는 짓거리를 많이 하고 있다면 절대 같이 살 수 없겠죠. 그야말로 싸움의 연속일 수밖에 없어요.

그런데 실상을 보면, 아무리 미운 상대라도 내 마음에 안 드는 짓거리보다는 괜찮은 짓거리를 훨씬 더 많이 하고 있습니다. 그렇기 때문에 우리가 아옹다옹하면서도 함께 사는 겁니다. 실상은 그렇지만 우리가 눈이 어둡기 때문에, 다시 말하면 여실지견 또는 응무소주 이생기심 하지 않고 어느 한 측면만을 극단적으로 생각하거나 맹목적으로 습관에 따라 반응하기 때문에 문제가 더 커지는 겁니다. 한번 잘 관찰해 보세요.

셋째, 상대에게 생긴 좋은 일을 내 일처럼 기뻐합니다.

'수희공덕'은 언제 어디에서나 정성을 기울여서 상대방의 존재가치를 놓치지 않도록 하는 것을 기본으로 하고, 이에 더하여 상대방이 괜찮게 하는 일들 또는 상대방의 잘 풀린 일들을 진심으로 내 일처럼 함께 기뻐하는 것입니다. 다른 사람이 잘하는 것, 다른 사람이 잘 되는 것을 늘 본인의 일처럼 함께 기뻐해야 한다는 것이죠. 왜 그래야 하는가? 그게 존재의 법칙 즉 사랑의 길, 자비의 길이기 때문입니다.

그러면 어느 정도까지 그래야 할까요? 상대가 잘 되는 것을 진정 내 일처럼 온몸과 마음으로 털끝만큼의 흔들림도 없이 함께 기뻐할 수 있도록 해야 합니다. 왜 그래야 할까요? 그것이 본래부처의 길이기 때문입니다. 그렇게 하면 우리가 이루고 싶고 누리고 싶은 해탈 열반의 삶, 생명 평화의 삶이 바로 이루어지기 때문입니다.

부연해서 설명하겠습니다. 이 세상과 우리들의 삶은 서로가 서로를 존재하게 하는 사랑의 법칙, 자비의 법칙에 의해 존재합니다. 우리들이 태어나고 살아가는 것도 사랑과 자비의 법칙에 의해서입니다. 그렇기 때문에 우리도 사랑과 자비의 법칙대로 생각하고 말하고 행동하며 살아야 합니다. 그렇게 사는 것을 우리는 수행이라고 하고, 본래부처행이라고 합니다. 그래야만 우리가 희망하는 평화롭고 행복한 삶이 이루어집니다.

그러므로 이제부터 우리는 서로 마음에 들고 안 들고에 미혹되거나 흔들리지 말고, 죽을힘을 다해 노력해 봅시다. 아내는 남편이, 남편은 아내가 본래부처라는 사실을 중심에 놓고, 다음으로 그의 좋은 점, 잘하는 점에 계속 마음을 두는 노력을 해보는 거예요. 틀림없이 평화와 행복이라는 선물을 받게 될 것입니다. 물론 다른 사람에게도 그렇게 해야 되지요.

당연히 처음에는 잘 안 될 거예요. 하지만 자신의 마음 씀과 생활을 잘 관찰해 보세요. 대부분 상대방이 괜찮음에도 불구하고 한 가지 마음에 안 드는 것을 붙잡고 싸우는 경우가 허다할 겁니다. 그렇죠? (대중: 웃음) 그건 삶의 문제를 차분하게 관찰하지 않고 생각대로 성질대로 습관대로 하기 때문입니다. 그런 걸 불교에서는 "눈이 멀어서 그런 것"이라고 합니다. 다시 말하지만 '우리가 실현하고자 하는 평화와 행복을 위한 수행이 바로 이런 것'이라는 믿음을 갖고 계속 노력하셔야 합니다. 일상에서 온 정성을 다해 삼천배 일만배 하듯이, 장좌불와, 용맹정진을 하듯이 그렇게 하셔야 합니다.

참된 수행이란 일상의 삶을 그렇게 사는 것을 뜻합니다. 나와 인연 있는 대상들의 존재가치와 괜찮은 면을 보기 위해 죽을힘을 다해 노력하는 것, 또 지극정성으로 함께 기뻐하는 삶을 사는 것이야말로 진짜 참선이고, 진짜 기도이고, 진짜 염불이고, 진짜 수행입니다. 언제 어디에서나 정신 바짝 차려서 상대방의 본래부처로서의 존재가치와 '괜찮은 면'을 잊지 않기 위해 죽을힘을 다 하는 것이 진정한 용맹정진이고 장좌불와입니다.

함께 기뻐하면 무엇이 좋은가?

지금까지 설명한 것처럼 우리가 그렇게 기도를 하고, 그렇게 염불을 하고, 그렇게 참선을 하고, 그렇게 수행을 하고, 그렇게 공부를 하고, 그렇게 불교활동을 한다면 어떻게 될까요? 두말할 것도 없이 우리 삶이 달라집니다. 본인만 달라지는 것이 아니라 상대방도 달라집니다. 남편이 그렇게 하면 아내가 달라질 것이고, 아내가 그렇게 하면 남편이 달라질 것입니다. 부모가 그렇게 하면 자식이 달라질 것이고, 자식이 그렇게 하면 부모가 달라질 것입니다. 내가 그렇게 하면 상대가 달라질 것이고 상대가 그렇게 하면 내가 달라질 것입니다. 우리가 그렇게 하면 이웃이 달라질 것입니다. 이렇게 사는 것을 자리이타自利利他의 삶, 인드라망의 삶, 보살행의 삶이라고 합니다. 자리이타는 나에게도 너에게도 동시에 모두 유익하다는 뜻입니다. 선후로 그런 게 아니라 동시에 그렇습니다.

따라서 '수희공덕'은 자비수행, 보살수행의 하나입니다. 언제나 상대의 존재가치를 사실대로 보고 잘 기억해서 어떤 경우에도 흔들리지 말고 그 가치와 공덕을 함께 기뻐해야 합니다. 그의 장점이나 착한 행동, 그가 좋은 결과를 성취한 것을 보면 내 일처럼 함께 기뻐해야 하는 것입니다. 이것이 바로 사랑이요, 자비요, 보살행을 하는 것입니다.

온 우주는 서로를 존재하게 하는 연기법 즉 사랑의 법칙으로 이루어져 있고, 만물도 사랑의 법칙을 따라 살아갑니다. 그 법칙대로 살아가는 것을 불교에서는 '법法'대로 살아간다고 말하고, 그런 삶을 수행이라고 합니다. 누구나 할 것 없이 법의 길을 따라 살아가면, 본인이 살고 싶은 평화롭고 행복한 삶 즉 해탈 열반의 삶이 반드시 이루어집니다.

다른 사람이 잘하는 것, 잘되는 것을 진정으로 함께 기뻐하는 사람은 당연히 괜찮은 사람, 멋있는 사람이겠죠? 정말 괜찮고 멋있는 사람입니다. 이렇게 괜찮은 사람, 멋있는 사람을 사람들이 싫어하겠습니까, 좋아하겠습니까? (대중: 좋아합니다.) 그렇습니다. 틀림없이 좋아합니다.

서로서로 좋아하고 기뻐하면 그 삶이 그대로 화목하고 평화롭고 아름답습니다. 그야말로 인생 살맛이 나지요. 보현행원의 영험이 이렇게 대단한 것임을 잘 알았으면 합니다.

우리는 보현행원품을 공부하는 사람들입니다. 보현행원품을 공부하는 사람들은 이렇게 참선하고, 이렇게 기도하고, 이렇게 염불해야 합니다. 그렇게 하면 연말쯤에 틀림없이 다른 사람은 몰라도 부모형제는 여기에 함께 앉아 있을 겁니다. 우리가 불교신행을 하려면 그 정도는 해야 하지 않겠습니까? 그렇게 용맹정진하고 그렇게 공부하면 좋겠습니다.

7강

청전법륜원 請轉法輪願

마음을 열면
세상만물이
다 선생님

◉

수행자여! 설법하여 주시기를 청한다는 것은,

온 세상 모든 곳 한 티끌에도 광대한 부처님 세계가 있고, 이 낱낱 세계에 매 순간마다 한량없는 수의 부처님이 있어, 등정각을 이루시고 일체 보살들로 둘러싸여 계시나니, 내가 그 모든 부처님께 가지가지 방편을 지어 설법해 주시기를 몸과 말과 뜻으로 지극하게 청하는 것이니라.

◉

이렇게 하여 허공계가 다하고 중생계가 다하고 중생의 업이 다하고 중생의 번뇌가 다하여도, 나의 항상 일체 부처님께 바른 법 설하여 주시기를 청하는 것은 다함이 없어 순간순간 이어져 끊임이 없고, 몸과 말과 뜻으로 짓는 일에 지치거나 싫어하는 생각이 없느니라.

보통 부처님의 가르침이라고 하면, 고집멸도苦集滅道 즉 사성제가 기본이라고 하지 않습니까? 그런데 대승불교에 오면 이 고집멸도라고 하는 수행체계가 사홍서원四弘誓願이라는 수행체계로 바뀝니다. 우리가 법회를 할 때마다 "중생을 다 건지오리다. 번뇌를 다 끊으오리다. 법문을 다 배우오리다. 불도를 다 이루오리다." 라고 외우는 이 네 가지가 바로 사홍서원입니다.

사실 내용만 보면 고집멸도와 사홍서원은 다르지 않습니다. 같은 내용인데 이름이 다른 이유가 무엇일까요?

삶의 실상, 사회의 실상을 보면 사람과 사회의 문제가 사람과 시대에 따라 천차만별이잖아요. 그렇기 때문에 문제에 대한 해결책도 다르기 마련이지요. 이런 걸 부처님은 '응병여약應病與藥' 즉 "병에 따라 약을 준다."고 합니다. 다시 말해 초기불교 시대엔 사성제라는 처방이 잘 맞았고, 대승불교 시대엔 사홍서원이라는 해결책이 적절했던 것이지요.

굳이 초기불교와 대승불교의 차이를 찾는다면 초기불교는 주체적인 자기수행에 초점이 맞춰져 있다면, 대승불교는 '더불어 함께'에 초점이 맞춰져 있다고 할 수 있습니다. 오늘 우리가 공부하는 보현행원도 사홍서원의 내용을 10가지로 확대해서 실천하도록 제시한 것이라고 해도 크게 틀리지 않습니다.

내가 하는 만큼 부처가 된다

제가 보현행원을 이야기하면서, 보현행원이 어떤 의미를 갖는가를 제대로 이해하려면 '본래부처'에 대한 확실한 이해가 필요하다고 늘상 말씀드렸었죠. 또 본래부처에 대한 구체적이고 사실적인 이해와 확신을 돕기 위해서 눈으로 보고 생각할 수 있는 인드라망 무늬를 제시했다는 이야기도 했습니다. 한마디로 말하자면 보현행원은 깨달음을 향해 가는 중생의 수행이기도 하지만, 그 자체가 본래부처의 행 깨달음의 행 이기도 합니다. 그렇기 때문에 몸과 마음을 다하여 보현행을 하면 실천한 만큼 그대로 부처입니다. 그러므로 부처의 삶을 살고자 하는 불자라면 반드시 보현행을 해야 합니다.

우리 인간은 본인이 하겠다고 마음먹고 하면, 하는 대로 이루어질 수 있는 모든 조건을 갖추고 있습니다. 남녀노소, 빈부귀천을 가리지 않고 인간 존재라면 본인이 마음먹고 생각하고 말하고 행동하는 대로 삶이 이루어지게 되어 있습니다. 마치 한 자루의 칼이 내 손에 주어진 것과 같아요. 손에 쥔 한 자루의 칼을 어떻게 쓸 것인지는 온전히 내 마음에 달려 있지 않습니까. 사람을 살리는 데 쓸 수도 있고, 사람을 해치는 데 쓸 수도 있는 거지요. 예를 들어 의사에게 칼이 주어진다면 병든 환자를 고치는 훌륭한 도구가 될 것입니다. 반면 강도에게 칼이 주어진다면 어떻겠습니까? 우리를 공포에 몰아넣거나 생명을 위협하는 흉기가 되겠지요.

어떻게 쓰느냐에 따라서 가치가 달라지는 칼처럼 지금 나라는 존재도 모든 가능성이 갖추어져 있다는 말이 바로 '본래부처'입니다. 내가 도둑놈처럼 생각하고 말하고 행동하면, 바로 내가 생각하고 말하고 행동한 대로 도둑놈 인생이 창조됩니다. 하지만 내가 부처님처럼 생각하고 말하고 행동하면, 내가 생각하고 말하고 행동한 만큼 부처의 삶이 창조됩니다. 보현행이 본래부처행이므로, 보현행원대로 생각하고 말하고 행동하면 내가 생각하고 말하고 행동한 그대로 부처의 삶이 되는 것입니다. 백에서 십만큼 하면 십만큼 부처의 삶이 이루어지고, 오십만큼 하면 오십만큼 부처의 삶이 이루어지고, 백만큼 하면 백만큼 부처의 삶이 이루어지는 거예요. 이렇게 알고 이렇게 살아가는 것 말고 수행이 따로 없고, 이렇게 살아가는 것 말고 부처의 삶도 따로 없다고 했습니다. 그중에 하나가 법문을 청하는 일, "법의 수레바퀴를 계속 굴려주십시오." 하고 청하는 실천을 하는 것인데, 바로 오늘 우리가 함께 공부할 내용입니다.

불교라는 손가락이 가리킨 달은?

오늘 배울 내용은 보현십대행원의 여섯 번째 청전법륜원請轉法輪願 즉 "정법의 법륜 굴려 주시기를 간청하는 삶을 살겠습니다."입니다. 본래부처의 세계관인 인드라망 논리로 바꾸면 "인드라망 법륜 굴려 주시기를 간청하는 삶을 살겠습니다."가 됩니다.

사실 법문을 청한다는 게 무슨 이야기겠습니까? 법문을 청한다는 이야기는 끊임없이 배우겠다는 이야기입니다. 옳은 내용, 좋은 내용, 유익한 내용, 바람직한 내용을 늘 배우겠다는 마음과 실천하려는 태도로 살겠다는 말입니다.

진리는 본래부터 있는 것입니다. 진리는 부처님에 의해서 만들어진 것이 아니라 그 자체로 본래부터 있는 거예요. 그것은 서양에도 동양에도, 과거에도 현재에도 미래에도, 언제 어디에나 늘 있습니다. 그런데 그 진리를 사람들이 잘 몰라요. 동서고금 어디에나 늘 있는데 잘 모릅니다. 진리를 잘 모르니까 당연히 우리는 진리에 맞는 삶을 살 수가 없습니다. 진리와 관계없이 제멋대로 사는 삶, 그게 중생살이입니다. 그게 생사윤회의 삶입니다.

진리를 모르고 진리에 어긋나는 삶을 살기 때문에 온갖 수단을 동원해도 고통으로부터 벗어날 길이 없는 겁니다. 이래도 괴롭고 저래도 괴롭고, 살아도 시원찮고 죽어도 시원찮은 겁니다. 오늘 힘든 인생이 끝났는가 싶으면 내일 또 다시 힘들어져요. 내 아들이 대학교만 졸업하면 걱정 없겠지 그랬는데, 대학교 졸업하고 나니까 다시 직장을 걱정해야 하고, 직장에 들어가니까 결혼시킬 걱정을 해야 하죠? 걱정이 끝날 날이 없어요. 중생들이 뜻한 바, 바라는 바와는 관계없이 중생살이란 늘 근심 걱정 속에 있거든요.

대체 왜 그럴까요? 그 이유는 단순합니다. 본래부터 세상에 있는 진리, 법을 몰라 법에 어긋나는 또는 법을 무시하는 삶을 살기 때문입니다. 진리와 관계없이 내 마음대로 함부로 살고 있다 이겁니다.

진리와 관계없이 살면 무슨 일을 해도 근심과 걱정, 불안과 공포로부터 벗어날 길이 없어요. 돈을 벌어도 안 벌어도, 결혼을 해도 안 해도, 출가를 해도 안 해도 별 수 없습니다. 법을 모르는 한, 법에 맞게 살지 않는 한 이렇게 사나 저렇게 사나 우리는 끝없는 방황의 삶을 살게 되는 겁니다. 끝없는 방황의 삶을 불교에서는 생사윤회라고 합니다. 근심과 걱정, 불안과 공포, 고통과 불행으로 얼룩진 삶을 끝없이 되풀이하는 거죠.

일찍이 부처님은 세상 사람들의 삶이 그런 것을 보고 사람들이 고통으로부터 벗어날 수 있으려면 도대체 어떻게 해야 하는가를 고민합니다. 그런데 이 문제는 역대로 정치를 해온 무수한 인물들도, 뛰어난 사업 수완을 보인 인물들도 답을 찾지 못한 문제였습니다. 왕자라는 신분으로 태어난 자신도 벗어날 수 없는 문제였습니다. 결국 다른 사람이 했던 기존의 모든 것들을 내던지고 새로운 길을 찾아 나섰는데, 그것이 그분의 출가입니다.

출가해서 당시 이름 높았던 여러 가지 수행을 했는데 역시 답이 안 나왔습니다. 많은 종교인들과 수행자들이 오랫동안 해온 전통적인 수행을 통해 그들이 강조하는 최고의 경지에 올라갔는데도 답이 안 나오는 거예요. 많은 성찰과 모색 끝에 부처님은 기존의 모든 수행을 버리고 떠납니다. 주체적으로 자신의 길을 찾아갔습니다. 그 결과 '중도의 길'이라 부르는 것을 깨닫고 그 길을 갑니다. 부처님은 그 길을 통해서 본래부터 있는 진리, 동서고금 언제 어디에나 본래부터 있는 진리를 발견하고 인생 문제에 대한 의문이 확 풀렸습니다. '그래, 이거야. 이렇게 살면 평화롭고 행복해져' 하고 그 길을 따라 사니까, 정말로 사는 게 평화롭고 자유롭고 행복하고 그랬던 겁니다. 그것을 부처님은 해탈, 열반이라고 표현했습니다.

당신이 진리, 법의 길을 따라 살아 보니까 거기에 해답이 있는 거예요. 그래서 사람들에게 그 길을 알리기 시작했습니다. 법의 길을 알리는 일이 무엇입니까? 사람들에게 법의 길을 알려 주는 일, 곧 법문입니다. 그리고 사람들이 제대로 갈 수 있도록 끊임없이 그 활동을 전개했습니다. 이게 전법행위입니다. 전법傳法. 법을 전하는 행위 또는 전법륜轉法輪. 법의 수레바퀴를 굴리는 행위입니다.

부처님이 본래부터 있는 법을 발견하고 우리에게 설명한 것을 우리는 불교라고 합니다. 잠시 불교 이야기를 하고 가겠습니다. 불교가 무엇인가요? 왜 불교를 해야 하지요? 불교가 어디에 필요합니까? 불교란 달을 가리키는 손가락입니다. 언어로 표현된 불교는 모두 손가락입니다. 연기무아緣起無我, 팔불중도八不中道, 유식무경唯識無境, 불성佛性, 자성自性, 일심여래장一心如來藏, 불립문자不立文字 등등 모든 불조의 말씀은 다 달을 가리키는 손가락입니다.

어떤 불교도 다 달을 보는 데 필요한 도구예요. 그럼 부처의 가르침인 불교라는 손가락을 통해 우리가 봐야 할 달은 무엇일까요? 바로 언제나 지금 여기에 본래부터 있는 법 또는 직면한 존재의 실상이지요. 그 실상을 그림으로 보여주는 것이 인드라망 무늬고요. 불교를 통해 봐야 할 달이 언제 어디에나 본래부터 있는 법 또는 직면한 존재의 실상이기 때문에, 언어로 표현된 불교 개념을 아무리 많이 알아도 본래부터 있는 법, 직면한 존재의 실상을 보지 못하면 그야말로 봉사 코끼리 만지는 신세를 벗어날 길이 없습니다. 잘 살펴야 할 것은 부처님 가르침에는 '본래부터 있는 진리로서의 법본래 있는 법'과 '진리를 언어로 표현한 말씀으로서의 법교법'이 있다는 사실입니다.

산사태에서 배운 지혜

여하튼 불교란 캄캄한 어두운 밤길을 가는 데 등불과 같은 것입니다. 캄캄한 어두운 밤길을 가는 데 우리에게 없어서는 안 되는 매우 중요한 게 뭐겠습니까? 등불이죠. 등불이 없이 어두운 밤길을 가면, 빨리 가면 빨리 가는 대로 천천히 가면 천천히 가는 대로 가야 할 방향과 길을 잃게 됩니다. 나무가 있으면 나무에 부딪히고, 웅덩이가 있으면 웅덩이에 빠지고, 샛길이 있으면 가려던 길에서 벗어납니다. 요즘에는 하도 문명의 혜택에 몸이 익숙해져서 밤이 뭔지 잘 모르시죠? 늘 휘황찬란한 불빛 속에서 사니까요.

얼마 전에 승련사라고 하는 비구니스님 절에 산사태가 났습니다. 그때가 7월이었는데요. 저녁 8시부터 서너 시간 동안 아주 무섭게 폭우가 내렸습니다. 빗물을 견디지 못하고 결국 산이 무너져 내렸는데, 산더미 같은 흙덩이가 절을 다 채워 버렸습니다. 흙과 바윗돌들이 법당 처마까지 꽉 찼습니다. 아무것도 쓸 수 없게 되었어요. 이불이고 뭐고 다 흙에 묻혀 버렸습니다. 작은 집들은 무너지기까지 했고요. 다행히 사람들은 무사했고, 큰 집들도 심각한 피해를 입지 않았습니다. 정말 다행이었지요.

승련사 스님들 말씀에 따르면 그 난리 통에 가장 큰 문제는 아무것도 분간할 수 없는 칠흑 같은 어둠이었습니다. 주변이 온통 새까마니까 무슨 일이 어떻게 일어나고 있는지 알 수가 없고, 어디로 피해야 할지도 모르는 거지요. 가만히 있어도 걱정, 움직여도 불안이어서 그야말로 안절부절못했다고 합니다. 그런데 날이 밝은 다음에는 주변 상황이 환하게 보이니까 마음이 환하고 편안해지더랍니다. 달라진 거라곤 빛이 있고 없고 딱 하나뿐인데, 왜 그렇게 다른 걸까요? 이유는 간단합니다. 빛이 있으면 지금 상황이 어떤 상황인지도 보이고 어디로 피해야 될지도 알 수 있으니까 마음이 편안하게 놓인 게지요. 우리가 부처님 법을 배우고, 또 부처님 따라서 산다고 하는 것은 바로 이와 같은 겁니다.

하지만 분명하게 알아야 할 것은, 부처님 법을 배웠다고 해도 또는 등불을 들었다고 해도, 만난 사람이 헤어지지 않고 도둑질을 했는데 도둑이 안 되는 것은 아니라는 겁니다. 부처님 법을 배워도 등불을 들고 있어도 만났으면 헤어져야 하고, 싸우고 미워하고 화내면 누구나 다 고통을 겪고, 밥을 안 먹으면 배고프고, 상한 음식을 먹으면 배탈이 나고, 여름에는 덥고 겨울에는 추우며, 일을 많이 하면 몸이 힘듭니다. 평소와 아무것도 달라지지 않습니다. 단지 지금 벌어지고 있는 상황이 무엇이고, 이 상황을 어떻게 풀어야 하는지 방향과 길을 알게 될 뿐입니다.

산사태가 난 승련사 현장은 캄캄할 때도 그 현장이었고, 밝을 때도 역시 똑같은 그 현장이었어요. 그런데 캄캄할 때는 그 현장에 지금 무슨 일이 벌어지고 있는지, 얼마나 무시무시한 상황이 펼쳐지고 있는지, 이 무시무시한 상황을 어떻게 피해야 할지, 어떻게 해결해야 할지 도무지 종잡을 수가 없는 거예요. 반면 상황은 똑같은데 날이 밝으니까 무슨 일이 일어나고 있는지, 상황이 어떤 상황인지, 이 상황을 어떻게 수습해야 될지, 또 이 위험을 어떻게 피해야 할지가 환히 보인 거죠. 보이면 답이 나오지 않습니까. 그래서 법이라고 하는 게, 등불이라고 하는 게 그렇게 중요한 겁니다. 절대적으로 중요합니다.

배우기 위해 필요한 것은?

그래서 부처님이 해야 하는 대표적인 열 가지 행 즉 보현십대행원 중에 중생에게 법의 등불을 잘 밝혀 주는 일이 있는 것입니다. 법륜을 굴리는 일이 바로 캄캄한 인생의 밤길에 등불을 밝혀 주는 일이니 대단히 중요한 일인 것이지요.

『화엄경』을 보면 쉰 세 분의 선지식이 등장해 법문을 합니다. 부처님, 보살님, 비구, 비구니뿐 아니라 신부 선지식, 목사 선지식, 어린아이 선지식도 있고, 심지어 뱃사공 선지식, 정치인 선지식, 기생 선지식도 있습니다. 선재동자가 만난 모든 사람들이 법문을 하는 거예요. 우리는 법문이라고 하면 당연히 부처님이나 큰스님에게서만 들을 수 있는 것처럼 생각하잖아요. 그렇지만 사실은 듣는 사람의 마음가짐과 태도에 따라서 법문을 들을 수 있는 대상은 무수히 많아질 수 있습니다. 내 마음과 태도가 법문을 듣고 배울 자세가 되어 있으면, 우리가 곳곳에서 만나는 누구에게서나 법문을 들을 수 있는 거죠.

『화엄경』에서는 각양각색의 인물 쉰 세 명을 등장시키는 형식으로 우리들한테 모든 존재가 선지식이고 법문을 들어야 할 스승임을 웅변하고 있습니다. 배울 마음, 배울 태도, 배울 자세가 중요하다는 이야기입니다. 배우는 사람으로 살려고 들면 내가 만나는 모든 사람이 다 나의 스승이 됩니다. 남녀노소, 지위고하는 문제가 안 돼요. 배우는 사람으로서의 자세, 배우는 사람으로서의 마음 씀으로 살아가면 그 삶은 저절로 좋은 쪽으로 달라집니다. 배우는 마음 자세를 가지면 곳곳에서 보고 듣는 게 다 법문이 될 수 있습니다. 그러려면 어떻게 해야 할까요?

첫째, 우리가 자연의 법문을 들을 줄 알아야 합니다. 우리가 자연의 법문을 못 듣고 있는 게 가장 큰일입니다. 여름의 더위는 우리를 짜증스럽고 귀찮고 불편하게 하지요? 그러나 여름 더위가 실제로는 무얼 하고 있나요? 우리에게 저 매미 소리를 듣게 해주고 있습니다.

겨울에 매미 소리 들어 본 적이 있습니까? 겨울에는 안 들리잖아요. 더운 여름에만 들려요. 지금 한창 우리가 푸른 녹음의 계절에 살고 있는데, 실상을 보면 여름 더위가 저 싱그러운 녹음을 우리에게 선물했습니다. 돈 한 푼 받지도 않고, 아무 조건도 요구하지 않고 우리에게 베풀고 있는 것이지요. 이게 소위 『금강경』에서 말하는 무주상無住相 행위입니다. 실상사 마당을 보세요. 아름다운 상사화가 피어 있습니다. 저 꽃은 홀로 피어났습니까? 그렇지 않습니다. 우리가 짜증스러워하고 귀찮아하고 불쾌해하고 피하기 위해서 지독하게 애를 쓰는 여름 더위가 있어서 피어난 것이지요. 자연의 법칙과 질서가 세상을 존재하고 활동하게 하고 있습니다. 이것이야말로 진정한 법문입니다.

이 자연의 법문을 낱낱이 제대로 들을 줄 알면, 굳이 부처님 법문 안 들어도 됩니다. 부처님 법문이 다른 게 아닙니다. 사람들이 자연의 법문을 듣지 못하고 알지 못하니까 부처님 당신이 그것을 발견하고 터득해서 사람들에게 설명해 준 것입니다. 그래서 그 내용을 들여다보면 하나는 본래부터 있는 우주 자연의 존재 법칙과 질서에 대한 내용이고, 다른 하나는 인간들에 의해 형성된 업의 법칙과 질서에 대한 내용입니다.

둘째, 부처님이 가르쳐 주는 법문을 잘 들어야 합니다. 앞에서 설명한 것처럼 법문은 어두운 인생 밤길의 등불처럼 중요하므로 잘 들어야 합니다. 부처님께 직접 법문을 들을 수 있다면 좋겠지만, 어렵겠죠.

그럼 누구한테 들어야겠습니까? 현재로선 우리 스님들이나 재가자 중에서 불교를 더 지극하게 많이 배운 분들에게 들어야 합니다. 다시 말해 부처님 말씀을 한 마디라도 더 아는 사람에게 법문을 들어야 한다는 이야깁니다. 그런데 법문이 그냥 나옵니까. 듣고자 청해야 비로소 가능하지요. 그래서 곳곳에서 법문이 펼쳐질 수 있도록 간절하고 간절하게 청하고 또 청해야 한다는 겁니다. 기회만 주어지면, 아니 일부러 찾아다니면서 "끊임없이 법의 수레바퀴를 굴려 주십시오." 하고 청해야 합니다.

향기로운 말은
들어도 좋고
해도 좋다

법문을 청한다는 게 무얼 뜻합니까? 내가 묻고 배울 마음가짐과 태도를 가졌다는 뜻이겠죠. 따라서 법문을 청하면 내 인생이 달라집니다. 삶이 훨씬 겸허해지고 경건해지며, 나아가 마음이 열리게 됩니다. 또 법문을 들으면 안목이 높고 넓어져서 삶의 내용이 고양됩니다.

그렇다면 법문을 하는 사람은 어떨 것 같아요? 법문을 하는 사람도 마찬가지입니다. 누군가 나쁜 이야기를 막 하거나 욕설을 퍼붓거나 하는 것은 독한 마음이 생겼기 때문이겠죠. 그렇지 않습니까. 대부분 미움이 있거나 화가 났을 때 또는 욕심이 있을 때 이간질도 하고 거짓말도 하고 욕설도 퍼붓고 그러지요.

그런데 법문을 하는 사람은 마음이 어떻겠습니까? 좋은 이야기를 하기 위해서는 당연히 더 진지하게 마음을 쓸 것이고, 또 기왕이면 이야기를 제대로 전달하기 위해서 성의 있게 노력을 하지 않겠습니까. 그런 과정에서 법문을 하는 사람의 삶도 향상됩니다. 그뿐입니까. 법문을 잘 들어 주면 법문하는 사람이 기분 좋겠지요.

따라서 법륜 굴리기를 청하는 보살행은 법문하는 사람과 법문 듣는 사람 모두에게 유익한 결과를 가져옵니다. 이를 불교에서는 자리이타自利利他라고 합니다. 자기에게도 이롭고 타인에게도 이롭다는 뜻입니다. 보현행원대로 마음 쓰고 행동하면 자리이타가 실현됩니다. 대부분 우리는 자기에게 이익이 되도록 먼저 하고 나중에 다른 이에게 도움이 되도록 한다고 생각을 하는데, 그것은 세상이치 즉 법을 몰라서 그런 겁니다. 본래부터 있는 법의 정신대로 실천하면 언제나 자신과 타인에게 동시에 이익이 됩니다. 본래 있는 법의 안목은 특히 대승불교에 와서 고도화됩니다. 초기불교에서보다는 화엄에 와서 극치를 이룬 것이지요. 그것을 역동적인 실천과 활동으로 보여준 게 바로 보현행원입니다.

오늘은 법을 설해 달라고 끊임없이 간청하는 실천이 그대로 본래

부처의 행이고, 본래부처의 행을 하게 되면 나도 유익하고, 나에게 옳은 말, 좋은 말을 해준 상대에게도 유익하고, 그래서 더불어 더 나은 삶, 더 밝은 삶, 더 풍부한 삶을 이룰 수 있다는 법의 길을 공부했습니다. 그렇기 때문에 끊임없이 법문을 듣기 위해 노력하고 법을 청해야 합니다. 법을 청하는 일이야말로 보살이 실천해야 할 아주 중요한 덕목 가운데 하나면서, 또 불교의 변화와 발전을 이끌어 내는 매우 큰 역할임을 가슴 깊이 새겨야 합니다. 이런 점을 염두에 두고, 언제 어디에서나 누구를 만나든지 "부처님 가르침 한 마디, 옳은 이야기, 좋은 이야기를 끊임없이 설명하고 또 많은 사람들에게 강조하는 역할을 잘 해 주세요." 하고 청하는 보살행을 실천해 주세요.

왜 그래야 하나요? 그것이 곧 부처행이기 때문입니다. 본래부처행인 청전법륜원을 실천한 만큼 즉시 부처로 살기 때문입니다. 부처로 산다는 게 다른 것이 아닙니다. 관계로 맺어진 나도 좋고 너도 좋도록 서로서로 화목하게 사는 게 부처의 삶이에요. 그렇죠? 그런 걸 우리는 해탈, 열반이라고 합니다.

누구를 만나든지 배우는 자의 마음가짐과 태도로 법에 근거한 옳고 바람직하고 좋고 유익한 가르침을 널리 적극적으로 펼쳐 주기를 간절하게 청하고, 또 법문을 잘 들을 수 있는 조건을 만들어 가는 활동이 청전법륜행입니다. 내가 그렇게 살면 그렇게 사는 만큼 바로 내 삶도 보현보살의 삶, 부처님 삶처럼 됩니다. 본래부처행으로서의 청전법륜행에 대한 참된 인식과 확신으로 우리가 용맹정진을 해서 매일매일 생활화하면 좋겠다는 말씀을 드리면서 제 이야기를 정리하겠습니다. 오늘부터 이번 여름 내내, "법의 수레바퀴를 굴려주십시오." 하고 간절히 청하는 보살행을 함께하도록 합시다. 고맙습니다.

8강

청불주세원 請佛住世願

사이좋게
지내야
안 떠나지

◉

수행자여! 부처님께 이 세상에 오래 계시기를 청한다는 것은,

온 세상 모든 곳에 계시는 한량없는 수의 부처님께서 열반에 드시려 하실 때나, 모든 보살과 성문연각과 나아가 일체 모든 선지식에게, 열반에 드시지 말고 다함없는 미래 시간토록 일체 중생을 이롭게 하여 주시기를 간청하는 것이니라.

◉

◉

이렇게 하여 허공계가 다하고 중생계가 다하고 중생의 업이 다하고 중생의 번뇌가 다하여도, 나의 이 권청은 다함이 없어 순간순간 이어져 끊임이 없고, 몸과 말과 뜻으로 짓는 일에 지치거나 싫어하는 생각이 없느니라.

◉

불교인들은 모든 의식에 앞서 삼귀의三歸依를 합니다. 삼귀의가 뭔지는 다들 잘 알고 계시죠?

거룩한 부처님께 귀의합니다.
거룩한 가르침에 귀의합니다.
거룩한 스님들께 귀의합니다.

그런데 삼귀의의 내용을 잘 아시나요? 습관적으로 그냥 안다고 여기고 내용을 깊고 정밀하게 따지지 않고 슥 지나쳐 오지는 않으셨나요? 우리는 대개 그렇습니다. 그래서 정말 잘 알아야 하는 핵심 내용을 제대로 모르는 경우가 많습니다. 그 결과 불교수행과 신행을 함에 있어서 방향을 잃는 경우가 허다합니다. 오늘날 한국의 불교인들이 안고 있는 문제를 풀기 위해, 보현행원을 다루기에 앞서 먼저 삼귀의 중에서 부처님과 법에 대해 살펴보고자 합니다.

우선 질문 하나 하겠습니다. 삼귀의에 나오는 부처님과 법 중에서 부처님이 먼저일까요, 법이 먼저일까요?

왜 이 질문을 드리느냐면, 이 내용을 명확하게 정리하지 않으면 불교수행을 하면서도 계속 혼란스럽기 때문입니다. 스님들이나 불교학자들과 이야기를 나눠 보면 이 문제를 제대로 정리하지 못한 분이 많습니다. 이게 많은 대중들이 혼란을 겪는 이유 중 하나입니다.

법이 먼저인가, 부처님이 먼저인가? 결론부터 말하면, 어떤 관점에서 보느냐에 따라 법이 먼저여도 되고 부처님이 먼저여도 됩니다. 하지만 내용을 중도적으로 잘 알고 다루어야 합니다.

부처님이 먼저냐 법이 먼저냐?

법法이라는 말은 무척 다양하게 쓰이기 때문에 매우 복잡합니다. 그래서 오늘은 본래 있는 법과 교법에 국한하여 살펴보겠습니다.

부처님은 "내가 이 세상에 오고 오지 않고에 관계없이, 또 깨닫고 깨닫지 않고에 관계없이 본래 법이 있었다. 나는 그 법을 발견하고 본래 있던 법에 따라 살았다. 그 결과 삶의 고통에서 해탈할 수 있었다.

지고지순의 평화로운 삶, 행복한 삶을 실현하게 되었다."라고 하셨습니다.

여기서 말하는 본래 있는 법으로 보면 부처님보다 법이 먼저입니다. 그리고 본래 있는 법은 동서고금, 남녀노소, 빈부귀천에 상관없이 보편적으로 적용됩니다. 국가다 종교다, 진보다 보수다, 좌파다 우파다 하는 분리되고 차별되는 그 모든 것을 넘어서는 것입니다.

'아침이 되면 해가 뜨고, 저녁이 되면 달이 뜬다', '목마르면 물 마시고, 물 마시면 목마름이 해결된다', '누구나 숨을 들이마셨으면 내쉬어야 살고, 내쉬었으면 들이마셔야 산다' 등과 같은 생명의 존재법칙과 질서가 동서고금 또는 종교에 따라 다르겠습니까? 전혀 다르지 않습니다.

우주가 탄생하기 이전과 탄생 이후 영겁에 이르도록 한결같이 작동하는 우주의 존재법칙인 본래 있는 법을 부처님이 발견하여 연기법이라고 이름 붙이셨습니다. 부처님이 당신이 발견한 본래 있는 법을 말씀으로 사람들에게 가르쳐 주려고 개념화한 것이 연기법입니다. 따라서 '본래의 법'으로 보면, '법'이 먼저고 '부처님'이 나중입니다. 그런데 부처님이 말씀하신 '교법'으로 보면, '부처님'이 먼저고 '법'이 나중입니다. 부처님이 없으면 부처님의 말씀도 있을 수 없으니까요. 보통 우리가 말하는 연기법, 삼법인, 사성제, 12연기, 육바라밀, 깨달음, 해탈, 삼매, 열반, 지혜, 자비 등의 개념들이 모두 부처님에 의해 설해진 법 즉 교법입니다.

그렇기 때문에 본래 있는 법으로 보면 법은 하나라고 할 수 있지만, 교법으로 보면 인간세상의 진리가 팔만사천 가지라고 할 수 있습니다. 왜 그럴까요? 그 이유는 교법이란 본래 있는 하나의 법에 입각하여 사람들의 번뇌, 병에 따라 약을 만들어 쓴 것이기 때문입니다. 팔만사천 번뇌에 팔만사천 교법인 것이지요.

여기서 우리는 초기불교와 대승불교의 차이를 짚어볼 필요가 있습니다. 일반적으로는 초기불교와 대승불교의 다른 점에 대해 아공법유설我空法有說. 자아는 없지만 물질세계는 있다는 입장과 아법구공설我法俱空說. 자아도 물질세계도 모두 없다는 입장, 자리행自利行 중심과 이타행利他行 중심으로 이야기합니다. 그런데 오랫동안 다양한 견해들을 참고하면서 나름대로 정리한 결과 그보다는 본래 있는 법 중심과 교법 중심의 차이라고 보는 것이 이해하는 데 더 좋을 것으로 판단되었습니다.

부처님의 교법을 중심으로 삶을 바라보고 삶의 문제를 풀어 가고자 하는 불교가 초기불교 또는 남방불교 전통이라면, 본래법을 중심에 놓고 삶을 바라보고 삶의 문제를 풀어 가려고 하는 것이 대승불교 또는 북방불교의 전통이라는 이야기입니다.

그렇다면 본래법과 교법, 이 두 가지는 같을까요, 다를까요? 실상은 불일불이不一不二 즉 같기도 하고 다르기도 합니다. 그러면 어떤 면에서 같고 어떤 면에서 다를까요?

본래 있는 법의 입장에서 보면 본래 있는 법과 교법은 둘이라고 할 수 없지만, 교법의 관점에서 보면 본래 있는 법과 교법은 하나라고 할 수 없습니다. 이미 언급한 것처럼 교법은 본래 있는 법에 입각하여 상황에 따라 만든 것이기 때문입니다. 따라서 본래 있는 법과 교법을 같다고만 고집해도 극단적 견해이고, 다르다고만 고집해도 극단적인 견해입니다. 그러므로 부처님은 두 극단을 버리고 중도, 즉 불일불이적으로 해야 한다고 했습니다.

달리 표현하면 초기불교다 대승불교다 하는 개념화된 교법은 달을 가리키는 손가락에 해당합니다. 상황에 따라 필요에 따라 손가락은 수없이 많을 수 있습니다. 하지만 아무리 천태만상의 손가락이라고 하더라도 달을 가리키는 역할로 보면 똑같습니다. 그러므로 하나라고 할 수도 있고 하나가 아니라고도 할 수 있는 것이지요.

초기경전에는 부처님이 보고 아는 것은 무궁무진하지만 그 일부분만 말로 설명하고 있다고 직접 말씀하시는 내용이 있습니다. 부처님이 아는 내용은 "대지의 흙 알갱이 수만큼 헤아릴 수 없이 많지만 말로 설명하는 내용은 손톱의 먼지만큼"이라고 하기도 하고, "저 산 푸른 숲의 나뭇잎 수만큼 무한하지만 말씀하신 것은 거기에서 떨어져 나온 잎사귀 하나만큼"이라고 하기도 합니다. 왜 부처님은 손톱의 먼지만큼, 잎사귀 하나만큼밖에 이야기를 안 해주셨을까요?

부처님은 사람들이 고통에서 해탈하는 데 유익하고 꼭 필요한 만큼만 말로 설명하셨습니다. 고통에서 해탈하는 데 필요하지 않은 것, 바람직하지 않은 것은 당신이 알고 있더라도 굳이 말로 설명하지 않으셨습니다. 열반으로 나아가고 고통에서 해탈하는 데 필요한 것, 도움이 되는 것, 바람직한 것만을 이야기하셨습니다.

그럼 이런 질문을 한번 던져 볼까요. 2600년 전 인도 사람들이 겪는 고통과 지금 우리가 겪는 고통은 같을까요, 다를까요? 같은 점도 있고 다른 점도 있겠지요. 아프고 늙고 죽는 것 같은 근본적인 고통은 그때나 지금이나 똑같습니다. 하지만 교통사고나 환경오염 등으로 인한 고통은 옛날에는 없었던 것이기 때문에 전혀 다르지요.

지역이 다르고 시대 상황이 바뀌면서 석가모니 부처님 당시의 교법만으로는 새로운 문제들에 대해 제대로 응답하기 어려워지는 것은 자연스러운 현상입니다. 불가피하게 새로운 문제에 맞는 새로운 해석들이 나올 수밖에 없습니다. 병이 달라졌기 때문에 처방도 다시 필요해진 것이죠. 그러면 그 새로운 처방은 어디에 근거해야 할까요? 당연히 부처님이 깨달은 본래법을 근거로 해야 하겠지요.

결국 대승불교가 초기불교와 다른 점은 부처님이 깨달은 본래법과 당시 상황에 맞게 처방하신 여러 가지 교법 중에서 본래법에 더 중심을 두었다는 점입니다. 그래서 대승불교는 부처님이 말씀하신 당시의 교법을 포함하면서도 교법의 울타리에 갇히지 않고 더 자유롭고 풍부하게 창조적으로 해석하고 응용할 수 있었습니다. 나아가 본래법을 근거로 하고 있기 때문에 훨씬 사유가 깊고 풍부하며, 수행론도 훨씬 더 역동적이고 탁월하다고 할 수 있습니다.

우리가 지금 공부하는 것은 화엄사상의 실천론인 『화엄경』의 「보현행원품」입니다. 『화엄경』은 『대방광불화엄경』을 줄여서 말하는 것인데, 부처님이 설한 경전이라기보다 무수한 보살들과 천신들이 부처님에 대해 설명하는 경전이라고 봐야 합니다. 어째서 부처님인지, 어떻게 해서 부처님이 되었는지에 대해 다양한 측면에서 광범위하게 설명하고 있습니다.

사실 『대방광불화엄경大方廣佛華嚴經』이라는 제목에 『화엄경』에서 말하고자 하는 사상과 정신의 내용이 다 담겨 있습니다. '대방광大方廣'은 법다르마, '불佛'은 실천 주체인 사람, '화엄華嚴'은 법의 정신에 따라 아름답게 실천하는 내용 즉 보살만행을 말합니다. 즉 '법과 인간의 삶'을 이야기하고 있는 것이 『화엄경』의 내용인 것입니다.

제가 지금 이런 말씀을 드리는 이유는 『화엄경』이 현재 내 삶과 동떨어진 신비한 세계이거나 초기불교와 특별나게 다른 내용이 아님을 이해할 필요가 있다고 여기기 때문입니다.

인생은 도깨비 방망이

오늘 공부할 내용은 보현십대행원의 일곱 번째 청불주세원請佛住世願 즉 "열반에 들지 마시고 우리 곁에 항상 머물러 주시기를 부처님께 간청하는 삶을 살겠습니다."입니다. 본래부처의 세계관인 인드라망 논리로 바꾸면 "모든 인드라망 존재들께 항상 우리 곁에 안정적으로 머물러 주시길 간청하는 삶을 살겠습니다."가 됩니다.

부처님의 가르침은 모두 삶에 대한 가르침입니다. 인생이란 무엇인가, 나는 누구인가, 어떻게 살아야 하는가에 대한 가르침. 다시 말하면 나는 어떤 존재이며, 어떻게 살아야 고통으로부터 해탈하여 열반의 삶을 살 수 있을까에 대한 가르침입니다.

'나는 누구이며 어떻게 살아야 하는가?'라는 인생 제일의 화두에 부처님이 뭐라고 했는지 아세요? 부처님은 "인생이란 나에게 주어진 도깨비 방망이나 여의주와 같다."고 했습니다. 도깨비 방망이나 여의주나 내가 원하는 대로 모든 것을 이뤄 줍니다. 부처님은 "네 인생은 도깨비 방망이와 같고 여의주와 같기 때문에, 네가 의도한 대로 네가 쓰는 대로 뜻한바 삶이 이루어진다."고 했습니다.

불교란 복잡하고 어렵고 애매모호하지 않습니다. 오히려 단순명료합니다. 웃는 인생을 살겠다고 마음먹고 그런 행위를 하면 저절로 웃는 인생이 됩니다. 웃는 인생을 살고 싶으면 웃는 노력을 하면 됩니다. 어떤 상황이 와도 동요하거나 위축되지 않고 웃는 노력을 하겠다고 마음먹고 그런 조건들을 가꾸어 보세요. 아무리 안 좋은 상황이나 기분 나쁜 상황이 와도 본인 스스로 작심하고 웃는 인생을 살겠다는데 누가 뭐라고 하겠어요.

인생은 누구도 대신해 줄 수 없습니다. 방해할 사람도 없습니다. 인생이란 대단히 주체적이고 창조적인 존재입니다. 그런데 불행하게도 우리는 인생의 진면목을 잘 모르다 보니 나에게 주어진 내 인생을 제대로 못살고 있습니다. 대부분은 상황이나 남 핑계를 대기 일쑤죠. 물론 살다 보면 어떤 상황이나 사람이 내 앞을 막고 있다고 느껴질 때도 없지 않아 있지요. 하지만 실제 내용을 면밀하게 따져 보면 대부분 나에게 주어진 도깨비 방망이에 대한 이해와 확신, 그리고 그 방망이를 효과적으로 사용하지 못한 결과일 때가 많습니다. 어쨌든 어떤 상황에 처하더라도 웃는 인생으로 살아가려는 의지와 신념으로 노력을 하면 틀림없이 밝고 활기찬 인생을 살게 됩니다. 그렇게 사는 것이 주체적이고 창조적인 삶입니다.

그렇다면 어떻게 하면 부처님처럼 살 수 있을까요?

간단합니다. 지금 당장 작심하고 부처님처럼 생각하고 말하고 행동하면 됩니다. 혼신의 힘을 기울여서 그렇게 하십시오. 노력한 만큼 결과가 바로바로 나타납니다. 부처님은 늘상 "인생이란 도깨비 방망이와 같은 것이다. 그러니 주체적인 의도를 갖고 네 인생을 만들어 가라. 그러면 네가 살고 싶은 삶이 이루어진다."고 하셨습니다. 그리고 실제로 당신이 그렇게 사셨습니다. 그렇기 때문에 부처님입니다.

예를 들어 여기 나에게 한 뭉치 광목천이 있습니다. 내 손에 쥐어진 광목천이라는 물건을 내가 방 닦는 데 써야겠다고 생각하고 그렇게 쓰면 그 천은 반드시 저절로 걸레가 됩니다. 이와 달리 얼굴을 닦아야겠다고 생각하고 그렇게 쓰면 그 천은 틀림없이 저절로 수건이 되겠죠. 내 인생도 내게 주어진 한 뭉치 광목천과 같습니다. 부처님은 스스로에게 주어진 인생을 중생이 되도록 쓰지 말고 부처가 되도록 쓰라고 하셨습니다.

내 인생을 부처로 쓰는 길을 초기불교에서는 '팔정도'라고 했고, 『화엄경』에서는 '보현행원'이라고 했습니다. 나아가 같은 내용을 매우 단순화하고 고도화한 것이 선불교의 '대무심행'입니다.

마찬가지로 "인드라망 존재인 부처님이시여, 이 세상에 영원토록 머물러 주십시오."라고 청하는 청불주세원도 내 인생을 부처로 사는 구체적인 실천입니다.

모실 생각도 없으면서 있어 달라고?

그럼 부처님을 항상 우리 곁에, 이 세상에 오래 계시게 하려면 어떻게 해야 할까요?

지난 시간에 법륜을 계속 굴려 달라고 청하는 보살행을 할 때는 법에 대해 잘 배우겠다는 의지가 있어야 한다고 했습니다. 잘 배우고 실천하겠다는 마음이 없는 사람 앞에서 하는 법문이 그 사람 귀에 들어가겠습니까. 다들 학교 다니셨으니 아실 거예요. (대중: 웃음)

부처님 선지식 또는 인드라망 존재들에게 우리 곁에, 이 세상 제자리에 영원토록 잘 머물러 달라고 말씀드릴 때도 전제조건이 있습니다. 예를 들어 부모님이 오래오래 사시길 바란다면 일단 부모님을 잘 모셔야겠죠. 잘 모실 뜻도 없으면서 오래오래 함께 계시라고 하는 건 앞뒤가 안 맞는 행동입니다. 청불주세원도 그렇습니다. 부모님께 하듯이 이 본래부처 또는 인드라망 존재들에게 "잘 모실 터이니 항상 제자리에 정상적으로 잘 계십시오." 해야 하는 것입니다.

본래부처인 낱낱 존재들이 항상 제자리에 정상적으로 있어야 우리 삶과 세상이 건강하고 안전하고 아름다우며 평화롭습니다. 그게 바로 화엄세상입니다. 모든 존재가 제자리에서 제 모습으로 건강하게 존재할 수 있도록 하고, 그것을 서로 존중하고 배려하고 고마워하며 살아가는 것이지요. 그래야 마땅한데도 현실에서 우리는 내 마음에 드는 사람과 안 드는 사람을 나누어서 자기 편하고 유리한 대로 왔다 갔다 하지요.

물론 일반적인 의미로 보면 청불주세원은 부처님과 선지식, 또는 훌륭하고 고맙고 선하고 중요한 사람이 나와 함께 있게 해달라고 청하는 것입니다. 하지만 한 걸음 더 나아가 존재 하나하나에게도 그렇게 하는 것이 진정한 본래부처행으로서의 보살행입니다. 그렇게 해야 너와 나, 인간과 자연이 균형과 조화를 이루는 편안하고 평화로운 삶이 가능해집니다.

우리들은 항상 특별한 마음을 먹고 참선이다, 경전 공부다, 기도다, 절이다 하면서 여러 가지 방법으로 수행을 하고 있습니다. 그런데 한번 잘 생각해 보십시오. 나를 부처로 존재하게 하고 상대를 본래부처로 존재하게 하는 것보다 더한 참선, 기도, 절, 경전 공부가 있을까요? 있을 것 같지만 실제는 없습니다.

대승불교, 아니 모든 불교의 가르침은 부처가 되기 위한 가르침이 아닙니다. 본래부처이니 당장 부처로 살라는 가르침입니다. 부처님은 네가 본래부처지만 부처로 사는 게 익숙하지 않고 서툴 뿐이니 끊임없이 부처로 생각하고 말하고 행동하라, 그렇게 하면 노력한 만큼 익숙해지고 나아가 점점 무르익게 된다, 그러면 삶이 저절로 평화롭고 여유롭고 자유롭고 행복해진다고 끊임없이 가르쳐 주셨습니다.

사이좋게 살지 않을 거라면 불교를 버려라

불교에서는 죄 가운데 가장 무거운 죄를 오역죄五逆罪라고 합니다. 그중에 파화합승破和合僧. 승가의 화합을 깨뜨리는 것의 죄가 있습니다. 인생살이 또는 승가생활에서 화합하고 화목하게 사는 일이 얼마나 중요했으면 화합하지 않은 것을 오역죄의 하나라고 했겠습니까. 그런데 왜 화합을 깨게 될까요? 본래 있는 법의 존재, 본래 부처임을 모르기 때문에 자기중심적이고 이기적이며 배타적으로 살게 되고, 그 결과 불화와 다툼이 일어나는 것입니다.

즉 화합하고 화목하게 사는 삶이 그대로 부처의 삶이요, 참된 참선, 기도, 염불, 간경, 수행이고, 그렇게 살아야 승가라고 할 수 있다는 말입니다. 그런 의미에서 청불주세원은 내가 본래 있는 법으로 이루어진 거룩한 존재임을 알고, 스스로 제자리에 부처로 존재하도록 또는 낱낱 존재들도 그렇게 존재하도록 생각하고 말하고 행동하며 살아가라는 의미입니다.

임제 선사는 "살불살조殺佛殺祖. 부처를 만나면 부처를 죽여라"라는 말씀을 했습니다. 그 뜻을 천착해 보면 이렇습니다. 부처 또는 불교란 삶을 자유롭게 합니다. 그런데 내가 부처를 좋아한다는 이유로 부처를 싫어하는 사람을 미워한다면, 그것은 부처가 나를 구속하는 것입니다. 그런 부처는 모습만 부처일 뿐 진짜 부처가 아니니 즉시 죽여야 합니다. 대단히 과격하게 들리지만 이 '살불살조'야말로 본래부처의 참뜻을 온전하게 드러낸 말씀입니다. 대승불교의 위대함과 탁월함을 보여주는 말씀입니다.

임제 스님의 말씀처럼 당당하고 무애자재하게 인생을 살고 싶으세요? (대중: 예) 그렇다면 지금 바로 작심하고 본래부처행이 저절로 될 때까지 하고 또 하면 됩니다.

"행역선 좌역선行亦禪 坐亦禪. 걸어다니는 것도 선이요 앉아 있는 것도 선"이라는 말이 있습니다. 선禪이란 특별한 것이 아닙니다. 앉으나 서나, 오나 가나, 자나 깨나 항상 본래부처로 생각하고 말하고 행동하는 것을 뜻합니다.

불교는 대단히 매력적인 종교입니다. 매력적인 종교인 부처님 가르침에 따라 우리도 멋지고 매력적인 삶을 살도록 합시다. 그렇게 하는 것이 진정한 참선이고 기도고 간경이고 염불이고 수행입니다. 진리로 태어난 본래부처 또는 인드라망 존재로 하여금 항상 우리와 함께 제자리에 잘 계시도록 하는 청불주세원을 생활화하는 삶이야말로 내 인생, 그대의 인생, 우리 모두의 인생을 밝고 희망차게 하는 대승보살의 큰 길임을 확신하고 부지런히 그 길을 가도록 합시다. 분명 날마다 좋은 날이 펼쳐질 것입니다.

9강

상수불학원 常隨佛學願

죽을힘으로
공부하면
행복이 온다

◉

수행자여! 또 항상 부처님을 따라 배운다는 것은,

이 사바세계에 비로자나 여래께서 처음 발심하실 때부터 정진하여 물러나지 아니하고, 가죽을 벗겨 종이를 삼고 뼈를 쪼개어 붓을 삼고 피를 뽑아 먹물을 삼아 베껴 쓴 경전이 수미산만큼 쌓이더라노 법을 존중히 여기셨기에 몸과 목숨을 아끼지 아니하였는데, 하물며 권력과 명예 있는 자리와 일체 소유를 보시하거나 버리는 일과 여러 가지 하기 어려운 행과 매우 험하게 고행하는 일에 주저하겠는가.

◉

◉

보리수 아래에서 큰 깨달음을 이루신 일과 가지가지 신통을 보여 갖가지 변화를 일으키신 일을 다 따라 배우며, 여러 종류의 부처님 몸을 나타내어 모든 대보살이 모인 도량에 머무시고, 혹은 성문과 벽지불 등의 대중이 모인 도량에 머무시고, 나아가 천룡팔부와 사람이나 사람이 아닌 대중들이 모인 도량에 머무시면서 원만하신 음성을 큰 우레 소리처럼 내어 그들이 좋아하는 대로 중생을 교화하시던 일과 열반에 드심을 보이신 이러한 일들 모두를 내가 다 따라서 배우기를, 지금의 세존이신 비로자나 부처님께서 수행하셨듯이 하는 것이니라.

이렇게 온 세상 모든 곳에 계시는 일체 부처님을 이처럼 매 순간마다 내가 다 따라 배우느니라.

이렇게 하여 허공계가 다하고 중생계가 다하고 중생의 업이 다하고 중생의 번뇌가 다하여도, 나의 이 따라 배움은 다함이 없어 순간순간 이어져 끊임이 없고, 몸과 말과 뜻으로 짓는 일에 지치거나 싫어하는 생각이 없느니라.

◉

날씨가 춥고 쌀쌀합니다. 우리는 해마다 봄 여름 가을 겨울을 맞이하는데, 항상 처음 맞이하는 것처럼 느껴집니다. 그렇죠? 매번 겨울이 오면 마치 겨울 추위를 처음 겪는 것처럼 수선을 떨곤 하잖아요.

오늘은 깨달음의 실천 또는 본래부처행인 보현행원의 여덟 번째 '상수불학원常隨佛學願'을 공부하겠습니다.

부처님은 세세생생을 통해서 끊임없이 부처의 삶, 깨달음의 삶을 배우고 익히셨습니다. 깨달음을 실천하려고 또는 부처의 삶을 살려고 그러신 거지요. 부처님은 그렇게 끊임없이 부처의 삶을 배우고 익히는 삶을 사셨고, 그랬기 때문에 결국 부처라고 하는 완성된 존재가 되었습니다.

상수불학원은 부처님이 세세생생을 통해서 끊임없이 부처의 삶을 배우고 익히고 실천한 것처럼 나도 그렇게 하겠다는 굳건한 다짐을 하는 내용입니다.

그렇다면 이제 우리는 부처님이 줄기차게 배우고 익히고 실천하신 부처의 삶이 무엇인가를 먼저 알아야겠지요? 그래야 따라 배울 수 있지 않겠습니까. 그런데 부처님이 배우고 익히고 실천한 것을 낱낱이 살펴보면 말로 다 설명할 수 없을 정도로 수없이 많습니다. 이 많은 것을 다 봐야 할까요? 어떻게 해야 할까요?

영가 선사와 육조 스님이 만나는 일화 중에 '삼천위의 팔만세행三千威儀 八萬細行'이라는 말이 나옵니다. 육조 스님이 당신을 찾아 온 영가 스님에게 "3천 가지 위의와 8만 가지 아주 세밀한 행을 갖춰야 출가수행자라고 할 수 있는 법인데 그대는 왜 그렇게 오만하고 무례한가!"라고 질책하듯이 물었습니다. 육조 스님의 질책하는 듯한 물음에 영가 스님이 "생사사대生死事大하고 무상신속無常迅速합니다."라고 대답하죠. 나고 죽는 일이 대단히 절박하고 변화가 너무 빠르게 진행되기 때문에 그런 자잘한 것들을 다 챙길 겨를이 없다는 거죠.

마찬가지로 부처님이 깨달음의 삶을 실천하는 과정에서 배우고 익히고 실천했던 것을 조목조목 짚어 보면 삼천위의와 팔만세행보다도 더 많기 때문에 수를 헤아릴 수 없습니다. 하루 이틀도 아니고 세세생생토록 그렇게 해왔으니까요.

그렇지만 아무리 수를 헤아릴 수 없을 정도로 많다고 하더라도 거기에는 기본적으로 공통된 것이 있기 마련입니다. 하나하나를 다 이야기할 수는 없어도 어느 누구에게나 보편적으로 적용될 수 있는 통일된 내용, 핵심적인 내용이 있을 거예요. 오늘 상수불학원에 대해서도 그렇게 설명할 수밖에 없습니다. 왜냐고요? 구체적으로 하나하나를 다 설명하는 것은 불가능하기 때문입니다.

팔만사천 번뇌에 팔만사천 처방전

지금까지 보현행원을 예경제불원禮敬諸佛願에서 시작하여, 칭찬여래원稱讚如來願, 광수공양원廣修供養願, 참회업장원懺悔業障願, 수희공덕원隨喜功德願, 청전법륜원請轉法輪願, 청불주세원請佛住世願 등 일곱 가지로 다르게 설명해 왔습니다.

그런데 이 일곱 가지를 관통하는 게 하나 있습니다. 그것이 무엇일까요? 들은 그 자리에서는 '그렇구나' 했는데 지금은 가물가물하지요? (대중: 웃음) 그렇습니다. 우리 수준과 실력이 대부분 그정도입니다. 하지만 누군가가 다시 언급해 주면 '아 그거!' 하고 금방 고개를 끄덕거리게 됩니다. 일관되게 붙잡고 온 것을 드러내 볼까요. 아마 말 꺼내는 순간 모두 다 '아 그거!' 할 겁니다. 그게 뭘까요? 예를 들어 설명하겠습니다.

스님들께 법문을 들을 때 또는 경전 공부할 때 응병여약應病與藥이라는 말을 들어 보셨죠. 우리말로 하면 병에 따라 약을 쓴다는 뜻입니다. 그러니까 부처님의 가르침이란 중생들의 병에 따라 약으로 쓴 것이다, 또는 팔만사천 번뇌 때문에 팔만사천 법문을 했다는 말입니다. 팔만사천 번뇌가 없으면 팔만사천 법문도 없다는 뜻이지요.

부처님의 가르침은 전부 병에 근거해서 약을 준 것입니다. 부처님 가르침은 전부 그렇습니다. 병이 없으면 약을 만들지 않지요? 약을 만들어야 할 이유가 없는데도 굳이 약을 만드는 것은 경우에 맞지 않지요. 마찬가지로 부처님 법문도 당신이 하고 싶어서 한 것이 아니라 병을 앓고 있는 중생을 치유하기 위해 한 것입니다.

그런데 병이란 계속 바뀌거나 새로 생기잖아요. 당연히 약 즉 법문도 번뇌 따라 병 따라 적절하게 변해야 합니다. 그렇다면 병이나 번뇌에 따라 만들어진 팔만사천 가지 약의 원료가 무엇일까요? 줄기차게 강조한 바대로 부처님의 출현 여부, 깨달음 여부에 관계없이 있었던 본래의 법 또는 부처님이 깨달은 본래의 법이 근본 재료입니다.

우리가 달여 먹는 한약에는 감기약, 보약, 설사약, 위장약, 두통약 등 온갖 것이 다 있죠? 그런데 이 각각의 약에 들어가는 공통적인 것이 있습니다. 그게 무엇입니까? (대중: 감초요.) '약방에 감초'라는 말도 있지만 감초는 아닙니다. 생각해 보세요. 답은 의외로 쉽습니다. 바로 물이죠. 물이 있어야 약을 달이잖아요.

본래 있는 법이란 한약의 물과 같은 거예요. 이름도 각기 다르고 모양도 내용도 다 다르지만, 그 약이 약일 수 있도록 하는 데 공통적으로 없어서는 안되는 게 물입니다. 마찬가지로 병에 따라 부처님이 말씀하신 팔만사천 가지 법문도 그 근본은 본래 있는 법에 근거합니다.

본래 있는 법에 근거하여 병과 번뇌의 변화에 따라 필요하면 법문도 새롭게 창조되어야 하는 것입니다.

부처님이 깨달은 법 또는 발견한 법을 연기법이라고 했습니다. 본래 있는 법을 부처님이 발견하고 이름을 연기법이라고 했다는 이야기입니다. 그리고 이 세상이 이루어진 원리, 내가 지금 여기에 존재하는 방식은 모두 부처님이 깨달은 본래 있는 진리인 연기법을 따릅니다.

같은 논리로 보면 온 세상 모든 존재들이 연기법이라는 보편적 진리로 이루어져 존재하고 있다는 결론을 내릴 수 있습니다. 그래서 보편적 진리인 본래 있는 법 또는 본래 있는 법으로 이루어진 존재를 인격적 개념으로 본래부처라고 했습니다. 그리고 본래 있는 법이 실제 삶으로 실현되도록, 본래부처의 삶이 일상의 삶이 될 수 있도록 해야 번뇌가 소멸되고 병이 치유되어 우리 모두가 희망하는 지고지순의 자유와 평화 즉 해탈 열반의 삶이 실현됩니다.

우리가 지금 공부하는 보현행원이란 본래 있는 법, 본래부처의 삶이 지금 여기 내 삶이 되도록 현실 속에 구체적으로 제시한 것입니다. 부처님이 끊임없이 배우고 익히고 실천한 것이 이것이기 때문에 우리도 마땅히 그렇게 해야 한다는 것이지요.

다시 한 번 정리하면 팔만사천 가지 법문의 기본 재료는 본래 있는 법, 본래부처의 개념으로 표현된 내용입니다. 쌀로 밥과 죽과 막걸리와 빵을 만들 듯이 본래 있는 법, 본래부처를 근거로 병에 따라 팔만사천 법문을 설하는 것입니다.

본래 있는 법을 병에 따라 만든 것이 팔만사천 법문인데, 이 팔만사천 법문을 교법教法이라고 합니다. 누누이 설명해 왔듯이 본래 있는 법은 언제 어디 누구에게나 한결같이 공통적으로 적용됩니다. 반면 교법은 병에 따라 천차만별로 나타나고 변화합니다. 여기 쌀이 있는데 이 사람이 죽을 먹고 싶다면 어찌해야겠습니까? 죽을 쒀야겠지요. 저 사람이 밥을 먹고 싶다고 하면 밥을 지어야 되고요.

초기불교 vs. 대승불교

교법은 시대와 사람과 병과 문제에 따라 끊임없이 변화합니다. 불교 역사 2천6백 년 동안 시대에 따라 변화해 온 것을 초기불교, 부파불교, 대승불교, 선불교 또는 지역 명칭을 붙여 티베트불교, 중국불교, 일본불교, 한국불교라고 부르지요. 지역에 따라, 시대에 따라, 사람에 따라, 문제에 따라, 병에 따라 천차만별로 나타나는 것입니다. 참고로 한국불교가 자랑하고 있는 선불교는 1천2백여 년 전에 만들어진 것입니다.

시대, 사람, 문제, 병이 달라졌는데도 옛날 것을 그대로 쓰면 효과가 있겠습니까? 당연히 효과가 없거나 있더라도 약간만 있겠지요. 그럼 어떻게 해야 할까요? 물어볼 것도 없이 오늘에 맞는 현대불교가 나와야 합니다. 안 그렇습니까. 하지만 이건 분명히 해야 합니다. 비록 현대불교라 하더라도 반드시 보편적 진리인 본래의 법, 연기법에 근거해야 한다는 점을요.

요즈음 많은 사람들이 초기불교가 중요하다고 말합니다. 한번 생각해 봅시다. 초기불교와 부파불교, 대승불교와 선불교는 무엇이 같고 무엇이 다를까요? 똑같이 본래의 법에 근거한 불교인데 초기불교가 교법 중심의 불교라면 대승불교는 본래법을 중심으로 하는 불교인 것이 다릅니다.

그러면 본래의 법을 중심으로 사고했을 때와 교법을 중심으로 사고했을 때 어떤 차이가 있을까요? 교법 중심으로 사고하면 부처님이 설명한 것을 곧이곧대로 따르려고 하기 때문에 변화에 능동적으로 적응하지 못해요. 창조적 대응이 안 되는 거죠. 그런데 본래법을 근거로 하면 새로운 상황에 매우 창조적으로 대응할 수 있어요.

보편적 진리인 본래법 즉 연기법을 근거로 해서 과거의 교법들을 참고하고 시대의 문제, 병, 사람에 따라 창조적으로 응답할 때 불교가 역사에 살아 있을 수 있습니다. 초기불교와 부파불교, 대승불교와 선불교도 그렇게 해서 나타났습니다.

지역으로 구분하면 미얀마, 스리랑카, 태국 등의 남방에서 교법 중심의 초기불교, 부파불교 전통을 지키고 있고, 중국, 한국, 일본, 티베트, 대만 등의 북방에서 본래법에 근거하여 시대의 요구에 창조적으로 부응한 대승불교의 전통을 갖고 있습니다.

그렇기 때문에 남방에서는 초기불교 전통 속에 있는 형식들이 굉장히 강합니다. "부처님이 이렇게 하셨으니까 우리도 이렇게 해야 해.", "부처님이 이렇게 말씀하셨으니 우리도 그 말씀대로 해야 해." 하는 것입니다. 예를 들어 초기불교 율장을 보면 출가 비구가 우바이 여성 재가불자로부터 돈 또는 보시물을 직접 받지 못하게 되어 있습니다. 그러니까 누가 대신 받아 주든가 그냥 놓고 가면 그제야 갖는 식인 거지요. 남방에서는 지금도 그렇게 합니다. 2천6백 년의 생활방식을 그대로 지키려 하는 것이죠.

그러나 냉정하게 살펴보면 부처님 때 했던 것 중 현대사회에는 필요 없거나 안 맞는 것들이 많습니다. 그럼에도 불구하고 부처님이 그렇게 말씀하시고 행하셨기 때문에 지금도 곧이곧대로 그렇게 해야 한다고 주장한다면 형식주의에 빠질 위험이 높습니다.

따라서 교법 중심으로 하게 되면 기존의 정형화된 틀에 얽매일 수밖에 없어요. 박물관 불교로 남게 되는 것입니다. 반면 본래 있는 법에 근거하면 상황에 따라, 병에 따라, 문제에 따라, 번뇌에 따라 다양하게 창조적으로 적용하고 대응할 수 있기 때문에 내용도 훨씬 풍부해지고 활동도 활발해지지요.

그런데 지금 우리 한국불교는 대단히 혼란스럽습니다. 이렇게 해야 할지 저렇게 해야 할지, 이것이 맞는지 저것이 맞는지 갈피를 잡을 수가 없을 정도지요. 필연적으로 초기불교다 대승불교다 교학불교다 선불교다 하고 논쟁하게 됩니다. 그런데 실은 논쟁할 일이 아닙니다. 오히려 본래 있는 법과 응병여약의 입장에서 초기불교 눈으로 대승불교를, 대승불교 눈으로 초기불교를, 교학불교의 눈으로 선불교를, 선불교의 눈으로 교학불교를 바라봄으로써 공통점과 차이점, 장점과 단점들을 잘 살피면 훨씬 바람직한 방향을 모색할 수 있습니다.

하나면서도 둘, 둘이면서도 하나

여태까지 공부한 보현행원은 부처님과 법에 대한 이야기입니다. 주로 부처님, 여래, 법을 다루었습니다. 중생이라는 개념이 한 번 등장하는데 그게 바로 항순중생원恒順衆生願입니다. 중생에게 수순한다는 의미입니다. 대부분의 경전에서 '중생'은 버리고 떠나고 벗어나고 제거해야 할 존재입니다. '중생'을 인정하고 존중하고 수순할 존재로 설명되는 경우는 찾아보기 어렵습니다.

그런데 보현행원에서는 "중생이 곧 부처다, 존재가 곧 부처다."라고 말합니다. 중생이, 존재가 그대로 부처니까 존중해야 한다, 예경해야 한다, 감사해야 한다, 수순해야 한다고 합니다. 보현행원 내용이 계속 그렇습니다. 그런데 중생이 곧 부처라고 이렇게 직설적으로 설명한 경전이 거의 없습니다. 『화엄경』에서만 특별하게 중생이라는 존재 자체가 그대로 부처라는 내용이 나온다고 해도 과언이 아닙니다. 대단히 놀랍습니다. 초기불교하고 비교해 보면 그야말로 혁명이에요. 천지개벽이지요.

어찌 보면, 불교는 처음부터 혁명적이었습니다. 부처님이 살았던 당시 인도의 모든 종교 전통을 혁명적으로 깨고 나온 것이 불교 아닙니까. 그리고 불교의 역사에도 이런 혁명적 내용들이 무수하게 나옵니다. 그중의 하나가 백장청규百丈淸規 같은 것이지요. 초기불교 계율에는 출가수행자가 생산노동을 하면 안 되게 되어 있습니다. 밭을 간다든가 나무를 자른다든가 하는 생산노동을 못하게 했던 거죠. 그런데 중국 선종으로 오면 생산노동을 강력히 권장합니다. 그 대표적인 것이 많이 들어 본 일일부작 일일불식一日不作 一日不食입니다. "하루 일하지 않았으면 하루 먹지 말라." 주체적이고 자립적으로 살아야 한다는 의미에서 수행과 노동을 하나로 본 것입니다.

이는 초기불교의 관점에서 보면 불교라고 할 수 없을 정도로 다른 모습입니다. 어떻게 이런 게 가능할까요? 바로 본래 있는 법의 정신을 중심에 두고 응병여약의 사고방식으로 불교를 하기 때문에 가능한 겁니다.

마찬가지로 보현행원에 오면 중생이 또는 존재 자체가 바로 그대로 부처라고 표현됩니다. 다른 경전에선 찾아보기 어렵습니다. 그만큼 화엄의 사유가 굉장히 깊고 넓고 높고 탁월합니다. 사실 눈이 번쩍 뜨이는 소식입니다. 난행고행의 수행을 한 다음 깨닫고 부처가 된다는 복잡하고 어려운 사고가 아니고, 본래부처니 지금 당장 부처로 살면 된다는 단순명쾌한 논리니까요. 얼마나 통쾌하고 얼마나 희망찬 소식입니까. 여기에 불교의 매력이 있습니다.

그러면 본래의 법과 교법은 같은 것일까요, 다른 것일까요? 지난 시간에 같기도 하고 다르기도 하다고 설명드렸습니다. 이 점을 잘 파악하고 이해해야 불교수행, 불교신행, 불교활동이 제대로 될 수 있습니다. '같으면 같은 것이고 다르면 다른 것이지, 같기도 하고 다르기도 하다는 게 도대체 뭐야?' 하는 생각도 들 것입니다. 그렇습니다. 이런 사고방식과 논리들이 우리를 헷갈리게 만드는 것이 사실입니다.

그렇다면 어떤 면이 같고 어떤 면이 다를까요. 어쨌든 앞에서 말씀드린 바와 같이 교법은 본래 있는 법에 근거해서 응병여약으로 만들어진 것입니다. 본래 있는 법에 근거하지 않으면 부처님의 교법이라고 할 수 없습니다. 그러므로 두 법이 다르지 않죠. 그런데 본래 있는 법은 변하지 않는데 교법은 천차만별로 변합니다. 이렇게 보면 당연히 다른 거예요. 그래서 불일불이不一不二 즉 하나면서도 둘, 둘이면서도 하나라고 하는 겁니다. 이런 것이 불교의 연기적 사유이고, 이 점을 잘 파악하고 이해하고 정리해야 『반야심경』을 이해하는 데도 도움이 됩니다.

이는 왼손과 오른손의 관계와 같은 것입니다. 왼손과 오른손은 둘인가요 하나인가요? (대중: 하나요.) 하나요? 그러면 왜 왼손, 오른손

하고 둘이 있지요? 실상은 하나기도 하고 둘이기도 하지요. 현상으로 드러나 있는 것만 보면 둘이잖아요. 그렇죠? 그런데 전체를 다시 보면 한 몸뚱이잖아요. 한 몸의 두 손이기 때문에 그 실상을 사실적으로 분명히 하기 위해 하나기도 하고 둘이기도 하다고 하는 것입니다. 어떻습니까. 말이 되지요? 사실 어렵거나 특별한 이야기를 하는 것이 아니고 있는 사실을 사실대로 설명하는 것입니다. 습관화된 극단적 사고로 보면 적당하게 얼버무리는 말장난처럼 보이지만 실상은 그렇지 않습니다. 오히려 존재의 실상을 중도적으로 충실하게 표현한 말입니다. "하나도 아니고 둘도 아니다.", "하나기도 하고 둘이기도 하다."는 표현은 손의 실상을 사람들이 사실적으로 이해할 수 있도록 중도적으로 설명했다는 이야기입니다.

'색즉시공 공즉시색', '자타불일불이'라는 개념도 특별히 높고 심오하고 신비한 것이 아니라 있는 사실을 중도적으로, 사실적으로 표현한 것일 뿐 그 이상도 이하도 아닙니다. 그런데 우리들은 '색즉시공 공즉시색', '자타불일불이'라고 하면 보통사람들이 아닌 도인, 깨달은 사람, 부처라는 특별한 경지에 도달한 사람이라야 알 수 있는 것처럼 생각하잖아요. 실은 전혀 그렇지 않은 데도요. 납득이 안 되는 분은 요새 나오는 과학책 한 권 사서 보세요. 어떤 의미에서는 현대과학이 실상을 더욱 명쾌하게 잘 설명하고 있습니다.

세상에
'희생'이란 없다

오늘은 보현십대행원의 여덟 번째 상수불학원常隨佛學願 즉 "항상 부처님을 따라 배우는 삶을 살겠습니다."를 공부하겠습니다. 본래부처의 세계관인 인드라망 논리로 바꾸면 "모든 인드라망 존재를 따라 배우는 삶을 살겠습니다."가 됩니다.

광덕스님께서 현대적인 문장으로 만든 상수불학원을 한번 읽어보겠습니다.

항상 부처님을 따라 배우겠습니다.
부처님의 견고하신 발심과 불퇴전의 정진을 배우겠습니다. 지위나 재산이나 명예나 목숨까지도 보시하신 것을 따라 배우겠습니다. 헤아릴 수 없는 난행고행을 닦으시고 보리수 아래서 대보리를 이루시고 가지가지 신통변화를 일으키시던 일을 따라 배우겠습니다. 어떤 때는 부처님 몸으로 나투시고, 어떤 때는 보살 몸으로 나투시고, 혹은 성문, 연각의 몸으로 나투시고, 왕이나 학자나 정치가나 사업가나 혹은 거사의 신분으로 나투시기도 하며, 혹은 호법신장의 몸으로 나투시기도 하면서 저들의 모인 곳에 이르러 저들을 성숙시키던 일들을 다 따라 배우겠습니다.

그러니까 우리가 부처님의 구도행만 보고 배우고 익히는 것이 아니라, 끊임없이 중생을 교화하시던 일도 보고 배우고 익혀야 한다는 것입니다. 거지들을 교화하기 위해서 거지 소굴에 들어가고, 임금을 교화하기 위해서 왕궁에 가고, 학자들을 교화하기 위해서 학교에 가고, 아이들을 교화하기 위해서 운동장에도 가고, 싸우는 사람들을 교화하기 위해서 전쟁터에 가는 등 어느 한 곳에 머물지 않고 부지런히 실천하고 생활하고 활동한 모든 것들을 끊임없이 배우고 익히는 것이 상수불학원이라는 보현행원의 의미입니다. 언제 어디에서나 법의 길인 보현행원의 상수불학원을 실천해야 우리가 희망하는 삶들이 이루어질 수 있다는 것이지요.

부처님이 부처님인 이유 또는 보살이 보살인 이유는 뭐라고 해야 할까요? 부처님은 어떤 경우에도 결과에 관계없이 법의 길을 따라 응병여약의 정신으로 활동하였습니다. 그러므로 어떻게 보면 자리自利 즉 80년 동안 오로지 자기 자신을 위해 살았다고 할 수도 있고, 반대로 이타利他 즉 80년 동안 오로지 중생을 위해 살았다고도 할 수 있습니다. 그런데 경전에서는 부처님이 자기를 위해서 무엇을 했다는 말은 거의 없습니다. 오로지 중생을 위해서 살았다고 되어 있습니다. 왜 열반했는가? 중생들을 위해. 왜 출가했는가? 중생들을 위해. 왜 6년 고행을 했는가? 중생을 위해…. 부처님이 일생 동안 자기 자신을 위해서 뭘 했다는 이야기가 거의 없습니다. 오로지 중생을 위해서 살았다고 합니다. 그대로 보현행원이지요.

그런데 오로지 중생을 위한 삶이 실제 석가모니 자신에게는 어떤 삶이었을까요? 자신을 위한 삶이었습니다. 자기 자신이 살고 싶은 삶을 살았던 것입니다. 매우 주체적인 삶입니다. 살아서도 주체적이었고 죽어서도 주체적이었습니다. 초기불교적으로 보면 법등명 자등명法燈明 自燈明. 진리를 등불로, 자신을 등불로 삼고 살아감, 법귀의 자귀의法歸依 自歸依. 진리를 귀의처로, 자신을 귀의처로 삼고 살아감의 삶인 것이지요. 임재선사식으로 보면 수처작주 입처개진隨處作主 立處皆眞. 언제 어디에서나 주체적인 삶만이 참됨의 삶이고요.

우리는 일반적으로 희생한다고 이야기하잖아요. 그런데 불교적 사유방식으로 엄밀하게 보면 어떤 이유로든 스스로 선택한 삶에 희생이란 존재하지 않습니다. 보통 부모들이 자식들을 향해 "너희들을 위해 그렇게 희생했는데 너희들이 그럴 수 있어?"라고 말하며 억울해 합니다. 부부 사이에서도 마찬가지지요. 아내는 남편에게 남편은 아내에게 그렇게 생각하며 억울해하고 슬퍼하고 고통스러워하고 불행해하기도 합니다. 대부분 그렇습니다.

그런데 과연 부모님들께서 자식을 낳고 키우는 것이 자식을 위한 희생일까요? 만일 희생이라고 한다면 분명히 억울한 일이 수없이 많습니다. 본인에게는 필요도 없고 또 하고 싶지도 않은 일인데 오로지 상대 때문에 하는 것을 희생이라고 하잖아요. 거기에는 '내가 이렇게 해줄 테니 너도 나에게 이렇게 해야 돼!'라는 기대가 숨어 있습니다.

당연히 기대했던 대로 안 되면 '내가 이렇게 했는데 네가 어떻게 그럴 수 있어?'라는 억울한 마음이 들겠지요. 그런 마음이 안 생길 수 없습니다. 억울한 마음이 든다는 것은 결국 그 삶이 고통스럽고 불행하다는 이야기입니다. 조금의 차이는 있겠지만 십중팔구 사람들의 삶은 대부분 비슷합니다.

다시 한 번 주의 기울여 살펴보면, 억울하다고 하면서도 또 그런 삶들을 열심히 살고 있음을 확인하게 됩니다. 어떻게 보면 우리는 바보 같습니다. 그렇지요? 그런데 왜 이렇게 되었을까요? 법 즉 세상 이치를 모르기 때문입니다. 삶의 주체인 자신 또는 세상을 모르기 때문입니다.

단도직입적으로 솔직하게 짚어 봅시다. 부모님이 자식을 위해 결혼하고 서로 좋아하고 자식을 낳고 키우고 그랬습니까? 아닙니다. 자기들이 좋아서 선택한 것입니다. 그래 놓고는 억울하다고 하는데, 실상 말이 안 됩니다. 자식을 낳고 사랑하고 보살피고 키우는 일이 부모에게는 즐겁습니까, 즐겁지 않습니까? 즐겁습니다. 그러면 됐잖아요. 법 즉 세상이치로 볼 때 부모는 당연히 자식을 사랑해야 합니다. 왜 그럴까요? 그래야 행복하니까요. 자식이 태어나고 잘 자라면 부모는 행복합니다. 엄밀하게 보면 그 자체로 이미 충분히 보상을 받은 셈입니다. 그런데 그것은 새까맣게 잊고 다른 보상을 기대한단 말이죠. 어쩌면 쓸 데 없는 욕심, 쓸 데 없는 망상을 갖고 있는 게 문제입니다.

만약에 자식이 없으면 부모의 인생은 어떨 것 같습니까? 재미있을 것 같습니까? 웃을 일이 있을 것 같습니까? 내가 볼 때는 별로 그러지 않을 것 같아요. 결국엔 자식이 부모를 웃게 하는 거예요. 자식이 특별하게 효도를 하지 않더라도, 부모를 웃게 하고 행복하게 했으면 이미 효도를 다 한 것입니다. 좋으니까 생일잔치도 하고 돌잔치도 하는 것 아닙니까. 자식이 태어나 건강하게 잘 자라면 부모는 기쁘고 행복하지요. 부모를 행복하게 만들어 줬으니 그 자체로도 충분히 도리를 다한 셈입니다.

사실은 그것을 넘어 또 다른 무엇을 자꾸 바라는 것은 법을 모르고 법을 어기는 어리석은 생각이고 욕심입니다. 결국 실상을 보면 자식을 낳은 것은 누구를 위한 것입니까? 본인이 행복하기 위한 것이지요? (대중: 예) 자식을 건강하게 보살핀 것도 결국 자신을 위한 것이고요.

그러니 법과 진리에 비춰 생각해 보면 희생이란 말은 있을 수가 없어요. 불교의 연기론적 사고방식으로 보면 그렇습니다. 우리가 실상을 중도적으로 보지 못해서 희생이라고 이야기하고, 나아가 억울하다고 생각할 뿐입니다. 한마디로 인생, 세상에 대한 무지와 착각 때문에 겪게 되는 현상인 것입니다.

사랑, 내게도 좋고
남에게도 좋은 부처님 법

삶의 실상을 중도적으로 보면 "나는 나를 위해 살고 있다."고 하는 것도 맞는 말이고, "나는 세상을 위해 살고 있다."고 하는 것도 맞는 말입니다. 세상을 위한 것도 자기가 좋아서 하는 것이니까요. 자식을 보살피는 어머니가 자기 좋아서 하는 것처럼요. 그래서 부모가 부모로서 행복해지려면 자식을 사랑해야 합니다. 물론 그 반대도 마찬가지죠. 부모에게 불효를 저지르는 자식이 부자가 될 수도 있고 대통령이 될 수도 있지만, 행복해질 수는 없습니다. 그렇지 않습니까?

반복해서 다시 말하는데, 부모도 자식도 실상을 보면 모두 자기 삶을 살고 있기 때문에 세상에 희생이란 없습니다. 바로 이와 같은 사실을 제대로 알고 살아가도록 하는 것이 부처님의 가르침입니다. 그래서 본래 있는 법 또는 삶의 실상을 잘 이해하지 못하면 인생을 제대로 살 수가 없습니다. 나아가 부자가 될 수도 있고 대통령이 될 수도 있지만, 결코 평화롭고 행복할 수는 없습니다. 왜냐고요? 법 즉 진리가 그렇기 때문입니다.

누구나 할 것 없이 자식은 자식대로 부모는 부모대로, 너는 너대로 나는 나대로 필요에 따라 적재적소에 맞게 자기 도리를 다하는 것이 자기를 위하는 일이자 세상을 위하는 삶입니다. 부모의 도리는 자식을 사랑하는 것이고, 자식의 도리는 부모에게 효도하는 것입니다. 왜 그래야 하죠? 법 즉 진리가 그렇기 때문입니다.

그렇게 하면 어떻게 될까요? 서로가 평화롭고 행복합니다. 이 밖의 무슨 특별한 길이 있지 않습니다. 삶에서, 인생에서 부자냐 대통령이냐 일등이냐는 중요하지 않습니다. 행복하느냐 그렇지 않으냐가 중요합니다. 그러므로 부처님이 헛다리 긁지 말고 바른 길을 찾아가라고 팔만사천 법문도 한 것입니다. 삶의 실상을 이해하지 못하면 아무리 부자가 되고 일등을 하고 유명해진다 하더라도 행복해질 수 없다는 점을 명심해야 합니다.

살다 보면 억울한 심정이 들 때가 많습니다. 그럴 때마다 차분하게 그 정체를 살펴보십시오. 잘 살펴보면 무지 혹은 착각 때문에 스스로 그 함정에 빠졌음을 알 수 있습니다. 그래서 부처님의 가르침이 중요합니다. 그리고 부처님의 뜻을 바로 알려면 본래의 법과 교법에 대한 이해가 반드시 필요합니다.

부처님이 세세생생 그렇게 배우고 익히고 실천하며 살아가셨듯이 이제 우리도 그렇게 끊임없이 정진하며 살아가야 합니다. 왜 그럴까요? 내 인생을 행복하게 하기 위해, 또 뭇 생명을 행복하게 하기 위해서입니다. 그렇게 살면 나만 좋은 게 아니라 상대도 좋습니다. 부모가 자식을 사랑할 때 자신에게 해로울 일이 있겠습니까. 자식이 부모에게 효도할 때 본인에게 나쁘겠습니까. 전혀 그렇지 않습니다. 오히려 자타가 동시에 행복해집니다.

본래 있는 법, 연기법, 인드라망의 눈으로 보면 자리自利가 먼저니 이타利他가 먼저니 하는 말은 불교를 몰라서 하는 소리입니다. 본래 있는 법의 정신으로 적재적소에 맞게 적용하기만 하면 자타 모두에게 이익, 안락, 행복의 삶이 이루어지기 때문입니다. 아무리 부모가 자식을 사랑한다고 하더라도 자식만 안고 있을 수는 없습니다. 농사를 지어야 할 때는 농사를 지어야 합니다. 자식도 부모에게 효도를 해야 하지만 밤낮없이 부모님 옆에만 붙어 있으면 안 됩니다. 공부할 때는 공부해야 하는 것이죠.

이렇게 하든 저렇게 하든 법의 정신대로 사고하고 생활하면, 나만 이익을 누린다든가 상대만 이익을 누린다든가 하는 경우는 없어요. 제대로만 하면 상대에게도 나에게도 함께 유익합니다. 그래서 자타일시성불도自他一時 成佛道. 자타가 함께 성불함라는 말이 성립되는 거예요. 자리를 해야 할 때는 자리를 하고, 이타를 해야 할 때는 이타를 하는 거죠. 분명한 것은 이타를 해도 자리를 해도 함께 유익해지는 법 즉 진리에 맞게 마음 쓰고 말하고 행동해야 한다는 사실입니다. 우리는 이러한 법을 끊임없이 배우고 익히고 실천해야 합니다. 부처님이 그랬듯이 우리도 그렇게 배우고 익혀야 한다는 말입니다.

결국 중요한 것은 죽으나 사나 부처님이 발견한 본래의 법인데,

그것을 인간 세계의 말로 표현하면 '사랑의 법칙'이라고 할 수 있습니다. 이 세상은 온통 서로가 서로에게 모체가 되는 사랑의 법칙으로 이루어져 있고, 지금 여기의 나도 사랑의 법칙으로 존재하고 있습니다. 사랑의 법칙으로 이루어져 있고 사랑의 법칙으로 존재하기 때문에, 사랑의 정신으로 생각하고 말하고 행동하고 살아가야 한다는 것입니다. 불교식으로 말하면 이 세상은 자비의 법칙으로 이루어져 있고 자비의 법칙으로 존재하기 때문에 우리의 생각과 말과 행동도 자비의 법칙에 따라야 한다는 것입니다. 그것을 일컬어 '본래부처행', '보현행'이라고 합니다.

그리고 생명을 존재하도록 하는 것이 자비의 법칙임을 잘 보여주는 것이 인드라망 무늬입니다. 인드라망 무늬에 담긴 내용을 잘 파악하고 깊이 음미하면 부처님이 배우고 익히고 실천한 천상천하 유아독존天上天下 唯我獨尊, 삼계개고 아당안지三界皆苦 我當安地. 세상의 고통받는 중생들을 내 마땅히 편안케 하리라, 인드라망 존재와 동체대비행同體大悲行. 모든 존재는 연기법에 따른 것이니 귀천과 고하가 있을 수 없다, 본래부처와 보현행, 본래면목과 무애자재행無碍自在行. 매사에 걸림이 없고 자유로움이 우리가 배우고 익히고 실천할 내용이라는 사실을 사실적으로 이해하고 확신할 수 있습니다. 누구를 위해? 자신과 상대를 위해. 무엇을 위해? 자타의 행복을 위해. 상수불학원의 수행을 합시다.

◉

10장

항순중생원 恒順衆生願

감사합니다,
당신을
따르겠습니다

◉

수행자여! 항상 중생을 수순한다는 것은,

온 세상에 있는 중생들은 여러 가지 차별이 있으니 이른바 알로 나는 것, 태로 나는 것, 습기로 나는 것, 화해서 나는 것들을, 혹은 지수화풍에 의지하여 살기도 하며, 혹은 허공이나 초목에 의지하여 살기도 하는 등의 여러 가지 중생들을 내가 다 수순하는 것이니라.

그리하여 가지가지로 받아 섬기며, 가지가지로 공양하며, 부모처럼 공경하며, 스승이나 아라한이나 부처님과 조금도 다름없이 받들어 모시되, 병든 이에게는 어진 의원이 되고, 길 잃은 이에게는 바른 길을 가리키고, 어두운 밤중에는 광명이 되고, 가난한 이에게는 보배를 얻게 하나니, 보살이 이처럼 일체 중생을 차별 없이 이롭게 하는 것이니라.

◉

◉

무슨 까닭인가. 만약 보살이 중생을 수순한다면 곧 모든 부처님을 수순하여 공양함이 되며, 중생을 존중하여 받들어 섬기면 곧 여래를 존중하여 받들어 섬김이 되며, 중생으로 하여금 환희심이 나게 하면 곧 일체 여래를 기쁘게 하는 것이니라.

왜 그러한가. 모든 부처님께서는 대비심으로 몸을 삼으셨기에, 중생으로 인하여 대비심을 일으키고, 대비로 인하여 보리심을 발하고, 보리심으로 인하여 등정각을 이루시느니라.

◉

◉

비유하자면 넓은 벌판 모래밭 가운데 한 그루 큰 나무가 있어 그 뿌리가 물을 빨아들이면 가지와 잎사귀와 꽃과 과실이 모두 무성하게 되는 것처럼, 생사의 들판에 있는 보리수왕도 역시 그러하여 일체 중생으로 뿌리를 삼고 여러 불보살로 꽃과 과실을 삼으니, 대비의 물로 중생을 이롭게 하면 곧바로 여러 불보살의 지혜의 꽃과 열반의 과실이 익느니라.

어떤 이유인가. 보살들이 대비의 물로 중생을 이롭게 하면 곧 아뇩다라삼먁삼보리를 이루기 때문이니라. 그러므로 보리는 중생에 속하는 것이요, 중생이 없으면 일체 보살이 끝내 무상정각을 이루지 못하느니라.

수행자여! 그대들은 이 뜻을 마땅히 이렇게 알아야 하나니, 중생에게 마음이 평등하기 때문에 원만한 대비를 이루며, 대비심으로 중생을 수순하기에 곧 부처님께 공양함을 이루느니라.

◉

◉

보살은 이렇게 중생을 수순하는 일에 허공계가 다하고 중생계가 다하고 중생의 업이 다하고 중생의 번뇌가 다하여도, 나의 이 수순은 다함이 없어 순간순간마다 이어져 끊임이 없고, 몸과 말과 뜻으로 짓는 일에 지치거나 싫어하는 생각이 없느니라.

***

보현보살이 부처님 앞에서 이 넓고 큰 보현행원을 설하시니 선재동자는 뛸 듯이 기뻐하였고 일체보살들은 모두 크게 환희하였으며 여래께서는 훌륭하다 칭찬하시었습니다. 그때에 함께한 거룩하신 여러 보살과 대성문들과 인간과 천상과 세간의 일체 대중들이 부처님의 말씀을 듣고 다들 크게 기뻐하며 믿고 받아 봉행하였습니다.

◉

잘 지내셨습니까?

오늘은 먼저 삶의 주체인 내가, 세상과 삶의 문제를 어떻게 보고 어떤 마음을 먹느냐에 따라 삶이 어떻게 달라지는가를 함께 생각해 볼까 합니다.

부처님은 천하에 믿을 것은 두 가지밖에 없다고 했습니다.

첫째는 본래 있는 법과 교법 즉 법등명法燈明과 법귀의法歸依고, 둘째는 법을 실천해야 할 주체인 자신의 행위 즉 자등명自燈明과 자귀의自歸依입니다. 부처님 가르침으로 보면 세상과 삶은 크게 두 가지 법칙에 의해 좌우된다고 할 수 있습니다. 하나는 본래 있는 법과 교법이고 다른 하나는 업의 법칙 즉 인간의 행위입니다. 본래 있는 법과 교법은 잘 파악하고 이해하고 확신하고 실천해야 할 내용이고, 인간의 행위인 업의 법칙은 나의 삼업입으로 짓는 업, 몸으로 짓는 업, 뜻으로 짓는 업 활동이 본래 있는 법칙과 교법에 일치하도록 창조적으로 잘 관리하고 운영해야 할 내용입니다. 나의 삼업 활동을 본래 있는 법과 교법에 관계없이 자기 생각과 편리에 따라 함부로 하면 고통과 불행의 삶을 뜻하는 중생살이를 반복하게 되지만, 본래 있는 법과 교법에 일치하도록 하면 해탈한 자인 부처의 삶으로 바꿀 수 있습니다.

사실 불교는 어렵지 않습니다. 다만 실천하는 것이 쉽지 않을 뿐입니다. 제가 아는 바로는 요즘 같으면 중학교 졸업생 정도만 돼도 충분히 이해할 수 있는 내용입니다.

앞에서 잠시 짚어 본 바대로 삶의 주체, 세상의 주인은 자신입니다. 따라서 삶의 주체인 자신이 세상과 삶을 어떻게 보고 알고 마음 쓰느냐에 따라 세상과 삶이 밝아지기도 하고 어두워지기도 합니다. 좀 더 쉽게 말씀드리면, 내가 마음먹기에 따라 또는 존재의 실상을 제대로 보고 이해함에 따라 직면한 세상과 삶의 문제를 전혀 다르게 보고 다루고 풀어가게 된다는 말입니다. 사람들은 이 점에 대해 너무 가볍게 생각하는 경우가 많습니다. 참으로 큰 문제고 큰 병입니다. 이를 잘 보여 주는 좋은 예가 무학 스님과 이태조 이야기가 아닐까 싶습니다.

어느 날 한가하고 무료한 기분이 든 이성계가 무학 스님께 장난을 치자고 제안합니다. 무학 스님도 좋다며 맞장구를 쳤습니다.

"그래 무슨 장난을 치면 좋겠습니까?"

"오늘은 좀 색다른 장난을 쳤으면 합니다. 어떻게 보면 점잖지 못할 수도 있지만, 한번 서로에게 가장 모욕적인 욕을 하는 장난을 쳐 봅시다."

"좋습니다. 상감께서 먼저 욕을 하시지요."

"스님! 제가 보기에 빤질빤질한 중머리가 꼭 오뉴월에 헥헥 하고 땀 흘리는 개의 불알 같습니다."

"마마! 제가 보기에 밝고 편안한 상감의 얼굴이 꼭 거룩한 부처님 같습니다."

"아니, 스님. 모욕적인 욕을 하기로 한 약속과 다르지 않습니까."

"상감, 그렇지 않습니다. 부처의 눈엔 부처만 보이고 개의 눈엔 개만 보이는 법입니다."

"허…."

어떻습니까. 참으로 통쾌한 장난입니다. 그리고 눈이 번쩍 뜨이는 내용이기도 합니다.

한번 실제 상황을 차분하게 생각해 봅시다.

상대방을 부처로 볼 때와 상대방을 개로 볼 때 그 사람의 마음 씀씀이와 태도가 어떻게 다를까요? 내가 같이 노는 사람이 개 같은 사람이 좋겠습니까, 부처님 같은 사람이 좋겠습니까? 본인을 개로 보는 것이 좋을까요, 부처로 보는 것이 좋을까요? 사람을 개로 보는 사람과 부처로 보는 사람 가운데 어떤 사람이 괜찮은 사람이겠습니까? 당연히 부처로 보는 것이 좋고 부처로 보는 사람이 훌륭한 사람입니다. 그렇지 않습니까.

자기가 중생임을 꾸짖지 말라

오늘 공부할 내용은 보현십대행원의 아홉 번째 항순중생원恒順衆生願 즉 "항상 중생에 수순하는 삶을 살겠습니다."입니다. 본래부처의 세계관인 인드라망 논리로 바꾸면 "모든 인드라망 존재에 수순하는 삶을 살겠습니다."가 됩니다. 그동안 우리가 공부해 온 내용의 전부가 항상 중생을 존중하고 따르겠다는 항순중생원에 다 들어 있다고 봐도 괜찮습니다.

오늘 공부하는 내용은 초기경전을 위시로 한 여타의 어느 경전에서도 거의 볼 수 없는 내용입니다. 초기경전에 나오는 내용을 오늘 공부하는 내용과 연결시켜 확대 해석할 수는 있겠지만, 이렇게 직접적으로 적나라하게 표현하는 경우는 거의 없습니다. 『법화경』에서도 이렇게까지 적나라하게 표현되지는 않습니다. 제가 알기로는 유일하게 『화엄경』에서만 이토록 적나라하게 표현하는 것이 아닌가 합니다.

내용인즉슨 어떤 존재가 똥이든 밥이든, 유식한 사람이든 무식한 사람이든, 선한 사람이든 악한 사람이든, 깨달은 사람이든 깨닫지 못한 사람이든 간에 그 자체로 불가사의하고 대단히 귀하고 고맙고 완성된 존재니 그 사실을 사실대로 보고, 그 사실에 따라서 삶을 살아가야 한다는 것입니다.

우리는 보통 부처님을 지극히 존중하고 잘 따라야 한다고 말합니다. 또는 스승을 잘 따라야 한다, 스승에게 순종해야 한다고도 합니다. 그런데 오늘 배우는 항순중생원에서는 지극하게 존중하고 따라야 할 대상이 부처나 스승이나 부모님이 아니고 중생으로 표현되고 있습니다.

우리가 지금까지 배우고 알고 믿었던 상식으로는 어떻습니까. 중생은 넘어서야 할 존재고, 벗어나야 할 존재고, 없애야 할 존재잖아요. 중생을 버리고 부처가 되자고 하는 것이 불교의 기치니까, 말로만 보면 중생은 없애야 할 대상이지 존중하고 따라야 할 대상이 아닌 거죠. 그런데 『화엄경』 내용은 그렇지 않습니다. 오히려 중생이라는 존재를 있는 그대로 존중하고 보호하고 배려하고 고마워해야 한다고 강력히 주장하고 있습니다.

우리는 보통 좋은 것만 따르고 좋은 것만 존중하라고 합니다. 그런데 보현행원에서는 달라요. "좋고 나쁘고에 관계없이 존재하는 그 자체가 본래 있는 법인 진리로 이루어진 대단한 존재다. 그렇기 때문에 그 존재가 갖고 있는 의미와 가치들을 잘 알고 존중하고 보호하고 고마워해야 한다."고 합니다. 보현행원품의 십대원은 표현만 조금 다를 뿐이지, 첫 번째 원부터 마지막 원까지 모두 본래부처니 본래부처로 존재하고, 본래부처니 본래부처로 잘 섬기고 모시라는 내용입니다.

목숨을 잇는 데만 급급하시는 부모님

지난번에 어떤 분과 이야기를 나누었습니다. 그 분은 부모님이 모두 95세라고 했습니다. 요즈음 부모님이 전후좌우를 돌아보지 않고 오로지 자신의 생존만을 위해 골몰하시는데, 아무 쓸모없는 존재처럼 살고 계신 것 같아 너무 안타깝다고 합니다. 뭔가 가치 있고 의미 있는 삶을 사는 데는 아무런 관심도 없고 그냥 목숨을 연명하는 데만 의미를 부여한다는 거예요. 목숨을 이어가기 위해서는 돈도 아끼지 않고, 시간과 노력도 아끼지 않는답니다. 동물들처럼 오로지 목숨을 이어가는 데만 모든 관심과 노력이 집중되어 있고, 그 밖의 다른 것은 그 어떤 것도 하지 않는다고 합니다.

그분은 자식으로서 그런 부모님을 바라보는 게 참으로 힘들다고 했습니다. 자신이 볼 때 그분들은 그동안 정말 훌륭하게 살아 오셨다고 합니다. 그런데 생존에만 급급하는 지금 모습을 보면서 '저분들이 정말 내 부모인가?' 싶고, 다른 한편으로는 '나도 결국은 내 부모처럼 삶을 살거나 내 부모처럼 삶을 끝내게 되겠구나!' 하는 생각이 들어 화가 나기도 하고 두렵기도 하고 미칠 것도 같다는 말씀을 했습니다.

이분의 이야기는 아무 의미도 없이 살아 있는 자기 부모가 이 세상에 쓸모없는 존재라는 말이죠. 그래서 실망스럽기도 하고, 화가 나기도 하고, 인생이 허망하기도 하고, 자기 자신도 그렇게 될 수밖에 없을 것 같아서 두렵기도 해서 견딜 수 없다는 것입니다. 본인도 몸과 마음이 모두 아파 치료를 받고 있기에 부모님 문제가 더 고통스럽다고 했습니다.

제가 그분에게 이런 이야기를 했습니다.

"잘 보십시오. 세상 모든 존재들이 본래의 법 즉 진리로 탄생했습니다. 그러므로 당신 마음에 들고 안 들고에 관계없이, 사람들이 좋아하고 좋아하지 않고에 관계없이, 세상에 의미 있고 없고에 관계없이 존귀합니다. 마찬가지로 비록 당신의 부모님이 자기 생명을 연장하는 데만 인생 모두를 다 쓰면서 살고, 그래서 정말 쓸모없는 존재처럼 보인다고 하더라도 당신 생각과 관계없이 그 존재 자체가 매우 귀중하고 이 세상에 꼭 필요한 매우 고마운 존재입니다. 우리가 엄연한 이 사실을 볼 줄 모르기 때문에 자꾸 마음에 드는가 안 드는가, 세상에 유익한가 그렇지 않은가에 따라 판단하며 울고불고 하고 있습니다. 말 그대로 자승자박입니다. 다시 말하면 본인의 생각대로가 아니고 존재 자체의 가치 즉 실상을 제대로 보면 존재하는 것 자체가 세상에 꼭 필요하기도 하고 매우 귀한 것이기도 하고 매우 고마운 것이기도 합니다. 분명한 이 사실을 볼 줄 알아야 하고, 이 사실을 보고 이 사실에 맞게 대할 수 있어야 인생을 제대로 알고 제대로 사는 것이라고 할 수 있습니다."

그리고 이야기를 좀 더 나눴는데, 본인 말로는 그 후 자욱했던 안개가 걷히고 그동안 겪었던 많은 실망, 분노, 두려움 들을 정리할 수 있었다고 합니다.

어때요? 항순중생원의 영험이 굉장하지요? (대중: 웃음) 한 인간의 불안과 공포, 원망과 분노, 고통과 불행을 해결해 줬으니 얼마나 대단합니까. 불교란 이런 것입니다.

늙음, 병듦, 죽음이 부처님의 어버이다

그러면 "항상 존중하고 따라야 할 중생"이 누구입니까? 바로 본인이 만나고 있는 대상입니다. 그 대상들은 내 마음에 들고 안 들고에 관계없이, 내게 이익이 되고 안 되고에 관계없이, 내가 좋아하고 좋아하지 않고에 관계없이, 그 존재 자체가 세상에 또는 나에게 너무 거룩하고 고마운 존재입니다. 그렇기 때문에 그 존재의 의미를 제대로 보고, 늘 깨어 있으면서 그 존재가치를 존중하고 보호하고 감사하는 마음과 태도로 지극하게 잘 모시고 섬기며 살아야 합니다. 이런 삶을 사는 것이 곧 보현행원의 삶이고, 그렇게 살면 그 삶이 오늘도 내일도, 살아서도 죽어서도 평화롭고 행복합니다.

이해가 잘 안 되시나요? 습관대로 생각하면 어렵고, 정신 차려 새롭게 보면 어렵지 않고 그렇습니다.

부처님의 경우에 빗대어 더 생각해 볼까요. 과연 무엇이 또는 누가 싯다르타로 하여금 부처가 되도록 했을까요? 부처님 스스로 알아서 했을까요? 그 실상을 하나하나 짚어 보면 다시 인드라망 무늬 이야기를 하게 됩니다.

만약에 태양이 없었다면 싯다르타가 부처가 될 수 있었을까요? 물이 없었다면 싯다르타가 깨달음을 이룰 수 있었을까요? 밥이 없었다면? 불가능했겠죠. 싯다르타라고 하는 한 존재가 이 세상에 태어나서 살 수 있었기 때문에 깨달음도 가능했고 부처도 될 수 있었던 거예요. 그러면 누가, 무엇이 싯다르타로 하여금 생명을 가진 한 존재로 태어나게 하고 살 수 있게 했을까요?

태양이 달이 식물이 동물이 싯다르타로 하여금 생명을 가진 존재로 살 수 있게끔 했어요. 그렇기 때문에 거룩하고 귀하고 고맙고 꼭 필요한 존재인 거예요. 어떻게 그 가치를 존중하지 않을 수 있겠어요. 어떻게 그 가치를 보호하지 않을 수 있겠어요. 그렇잖아요.

더 좁혀 보겠습니다. 부처님을 출가하도록 만든 것은 무엇이었지요? 바로 늙은 사람, 병든 사람, 죽은 사람들이었습니다. 늙음, 병듦, 죽음은 인간이 가장 고통스러워하고 두려워하고 싫어하는 대상이잖아요. 그런데 부처님은 늙고 병들고 죽은 사람들을 만난 것을 계기로 출가수행을 하고 부처가 되었습니다. 그러니 늙고 병들고 죽은 사람이 부처님을 탄생시킨 거예요. 늙고 병들고 죽은 사람들을 만나지 않았고 인간이 가진 고통을 몰랐다면 싯다르타는 출가수행을 하지 않았을 것이고, 따라서 부처가 될 수 없었겠죠. 그러니 습관적인 생각이 아니고 구체적으로 직면한 실상으로 보면 늙음, 병듦, 죽음이 부처의 스승이고 부처를 낳고 길러 낸 어버이입니다.

우리는 늙음, 병듦, 죽음이라는 것을 몹쓸 것, 나쁜 것, 필요 없는 것, 없애 버려야 할 것이라고만 생각하잖아요. 그런데 실상은 우리들이 좋아하고 좋아하지 않고에 관계없이, 우리 마음에 들고 안 들고에 관계없이 그 자체가 싯다르타로 하여금 거룩한 부처가 되도록 했으니 부처님에게 늙음, 병듦, 죽음이라는 것이 어떤 의미를 갖겠습니까? 부처인 자신을 낳고 길러 준 너무나 귀하고 고맙고 거룩한 존재 아니겠습니까. 무지와 착각으로 이루어진 우리들의 습관화된 기존 관념에 구애받지 않고 직면한 존재가 갖는 실제 의미를 사실적으로 짚어 보면, 결국 우리는 '본래부처'라는 말을 할 수밖에 없습니다. 그게 무엇이 되었든지 말이에요. 그리고 본래부처에게는 어떻게 해야겠습니까. 마땅히 항순중생해야죠. "항상 중생을 존중하고 따르겠습니다." 이밖에 무엇이 더 있겠습니까.

그대,
내게 행복을 주는 사람

이제 문제를 더 좁혀서 우리 일상으로 가져와 봅시다. 일상에서의 직접적인 관계인 아내와 남편을 예로 들어 봅시다. 얼마 전에 제가 어찌어찌 해서 주례를 설 일이 있었는데, 그때도 이런 이야기를 했습니다.

"오늘 결혼할 두 사람을 낳아 준 사람은 누구일까요? 당연히 그들의 부모님이지요. 그렇다면 오늘 결혼할 남자를 남편으로 낳아 준 사람은 누구일까요? 여자를 아내로 낳아 준 사람은 누구일까요?"

얼른 습관적으로 생각하면 부모님이지요. 그런데 기존의 관념이 아니고 구체적인 실상을 보면, 오늘의 남자를 남편으로 탄생하게 한 사람은 오늘의 신부가 된 그 여자예요. 마찬가지로 그 여자를 아내로 탄생하게 한 사람도 신랑이 된 그 남자겠죠. 그 부모님들이 오늘의 남자인 아들과 여자인 딸을 낳았지만, 남편이나 아내까지 낳은 것은 아닙니다. 분명 아내로 존재하는 한, 내 마음에 들고 안 들고에 관계없이 남편이라는 존재는 그 자체로 절대적인 가치를 가질 수밖에 없지요. 마찬가지로 남편으로 존재하는 한, 내 마음에 들고 안 들고에 관계없이 아내라는 존재 그 자체로 절대적인 가치를 갖는 것이고요.

만약 남편과 아내가 상대방이 나를 탄생시킨 부처님과 같은 존재라는 실상을 정확하게 인식하고 있다면 서로를 어떤 태도로 대하겠습니까? 어떻게 대해야겠습니까? 늘 부처님을 대하듯 마땅히 그래야 하지요. 왜 그럴까요? 법의 길, 행복의 길이기 때문입니다. 상대방을 지극하게 존중하고 감사하는 마음과 태도로 잘 모시고 섬기는 삶을 살아야 하지 않겠습니까?

늘 깨어서 이러한 사실, 이러한 진실을 봐야 하는데, 그 실상을 놓치고 인위적이고 조작된 선악시비의 눈으로 불평하며 살아가는 게 우리입니다. 내 남편이, 내 아내가 마음에 든다 안 든다, 또는 나에게 잘하는가 잘못하는가를 가지고 이러쿵저러쿵 계산합니다. 본래부처라는 실상을 보지 않고 마음에 들고 안 들고로 계산하는 한 그 관계는 절대로 좋을 수가 없습니다. 너와 나의 관계도 마찬가지입니다. 정신 바짝 차리고 죽을힘을 다하여 실상을 보고 실상대로 대해야 합니다. 그 본래의 실상을 보고 늘 놓치지 않고 관계를 맺으면 문제를 해결하는 태도와 방법도 달라집니다.

만일 그렇게 하지 않고 실상을 놓치면 문제가 계속 더 커집니다. 예를 들어 남편이 마음에 들지 않으면 집에 들어가기 싫어지고 다른 남자가 훨씬 더 매력적으로 보이겠죠. 사람이 누구나 겪게 되는 인지상정입니다. 결국 어떻게 될까요? 틀림없이 문제는 풀리지 않고 악순환을 거듭하다가 파국으로 치달을 수도 있습니다.

거듭 강조합니다만, 항상 근본에 대한 생각을 놓치면 안 됩니다.

상대방이 본래 나의 부처님이라는 본래면목, 본래자리를 놓치는 순간, 무지와 착각으로 인해 만들어진 온갖 모순과 부작용에 휘말리게 됩니다. 생사윤회의 살림살이에 빠지게 됩니다. 그렇기 때문에 정신 바짝 차려 본래부처에 대해 늘 깨어 있어야 합니다. 주체적으로 흔연하게 정신을 바짝 차려 본래부처를 놓치지 말고 그에 어울리게 마음 쓰고 살아가는 것이 보현행원입니다.

보현행원의 내용대로 자기 삶을 가꿔 가면 어떻게 될까요? 틀림없이 기적이 일어납니다. 어떤 기적이 일어나겠습니까? 삶이 화목해집니다. 삶이 훨씬 풍요롭고 우아해집니다.

아까 시작할 때 무학 대사와 이성계에 관한 이야기를 했는데, 두 사람 중에 누가 훨씬 품위가 있어 보입니까? 상대를 그 사람의 본래면목인 본래부처로 보고 대하면서 살아가는 사람이 보살입니다. 그 삶이 저절로 되도록 무르익은 사람을 부처라고 합니다. 상대를 그의 본래면목인 본래부처로 보는 것은 매우 중요합니다. 깨달은 다음에 상대를 부처로 보는 것이나, 깨닫지는 못했지만 내가 마음먹고 부처로 보는 것이나 크게 다른 것이 없습니다. 이유 여하를 떠나서 상대를 본래면목인 본래부처로 보고 부처로 대하는 사람이 바로 부처입니다. 부처는 다른 게 아닙니다. 부처라는 존재는 스스로를 본래부처로 보고 사랑하고 만족하고 기쁘고 평화롭고 행복한 사람 또는 상대를 본래부처로 보고 대함으로써 상대방이 스스로 본래부처임을 알고 사랑하고 만족하고 기쁘고 평화롭고 행복하도록 하는 사람입니다.

즉각즉각 만사형통

내가 상대를 부처로 보고 부처로 대해 보십시오. 틀림없이 서로의 삶이 평안해지고 자유로워지고 아름다워집니다. 훨씬 더 품위 있고 격조 있는 삶이 됩니다. 틀림없습니다. 한번 해보십시오. 사람은 누구나 인정과 대접을 받고 싶어 합니다. 인정과 대접을 받고 싶으면 상대를 인정하고 대접하면 됩니다. 간단한 거예요. 내가 친절하게 말 한 마디 해보십시오. 그러면 상대도 친절하게 응답할 것입니다.

법당에 있는 부처님께 백날 절을 해보세요. 아무 반응이 없어요. 반면 내가 만나는 살아 있는 부처님께 바로 절을 해보세요. 오늘 법회 끝나고 가다가 길에서 아는 사람을 만나면 "안녕하세요." 하고 절을 해보세요. 당연히 상대도 "안녕하세요." 하고 반응할 것입니다. 바로 영험이 나타나는 것이지요. 부처는 살아서 즉각 반응하고 영험을 보이는 존재입니다.

수행하고 기도하고 참선하고 공부하려면 이렇게 해야 합니다. 절을 받고 싶으세요? 그러면 먼저 상대방에게 절을 하세요. 상대방도 즉각 절을 할 것입니다. 오늘 집에 가서 해보세요. 살아 있는 남편 부처님 또는 아내 부처님이 바로 반응합니다. 영험도 바로 나타나고요. 내가 웃으면서 "고맙습니다." 하고 인사하면 바로 반응이 올 겁니다. 영험도 즉시 나타납니다. 왜 그렇겠어요? 바로 그분이 부처님이니까요. 부처가 아니면 그렇게 반응 못합니다. 그렇게 영험을 나타내지도 못하고요.

그러니까 우리가 참선을 하든 기도를 하든 염불을 하든 진언을 하든 절을 하든 경전 공부를 하든 바로바로 효험이 나타나는 공부와 수행을 하자는 이야기지요. 그렇게 하면 삶과 수행이 통일됩니다. 그 길을 가르쳐 주는 것이 바로 보현행원입니다. 너무나 뚜렷하고 확실한데도 우리가 그 길을 가지 않고 전혀 엉뚱한 길을 가려고 하니 문제예요. 10년을 절에 다녀도 20년을 절에 다녀도 도로아미타불인 거죠. 참으로 걱정입니다. 왜 그렇게 될까요? 이유는 명백합니다. 불교를 제대로 몰라서, 공부를 잘못해서 생긴 일이지요. 제대로 하기만 하면 즉각 반응이 오고 즉각 영험이 나타납니다. 내가 웃으면 상대도 웃으면서 반응하고, 내가 점잖게 하면 상대도 점잖게 반응하고, 내가 따뜻하게 하면 상대도 따뜻하게 반응하는 거지요.

왜 그렇게 될까요? 인드라망 법이 그렇기 때문입니다. 인드라망 세계관의 사고를 자신에게 적용시키면 공부나 수행이라고 하고, 상대에게도 그렇게 살도록 잘 알리고 권하여 실천하게 하면 전법교화라고 합니다. 그리고 나와 인연을 맺는 모든 사람들이 그 길을 갈 수 있도록 하고, 그 길이 우리 사회의 생활이 되고 문화가 될 수 있도록 활동하는 것을 불교활동, 불교운동이라고 합니다. 그렇기 때문에 공부와 생활, 수행과 활동이 절대 분리될 수 없습니다. 수행과 생활, 공부와 활동이 저절로 통일되게 되어 있습니다. 다만 필요에 따라 적재적소에 알맞게 적용해야 해요. 본인에게 필요하면 본인에게 적용하고, 상대에게 필요하면 상대가 잘할 수 있도록 잘 알려 주고, 사회가 필요로 하면 사회적으로 실현할 수 있도록 적용하고 활용하면 되는 것입니다.

언제 어디에서나, 허공계가 다하고 중생계가 다할 때까지 순간순간 매일매일 거듭거듭 그런 마음을 일으키고 그런 마음으로 노력하고 활동하는 것이 수행이고 보살행입니다. 끊임없이 숨을 쉬어야 살 수 있듯이, 수행도 거듭거듭 마음을 일으키고 노력해야 합니다. 돈을 벌기 위해서 온 마음을 기울여 안간힘을 쓰듯이, 싸울 때 기를 쓰고 이기려고 하듯이, 보살행도 그렇게 죽을힘을 다해 전심전력으로 해야 합니다. 깨달음행, 보살행, 본래부처행이 나의 일상적 삶이 되고, 나와 인연 있는 사람들의 삶이 되고, 또 내가 살고 있는 사회의 삶이 될 수 있도록 혼신의 노력을 다해야 합니다. 그렇게 마음 쓰고 그렇게 열정적으로 노력하고 그렇게 활동하는 것이 보현행입니다. 불교인들이 언제 어디에서나 그렇게 삶을 살아야만 본인도 좋고 사회도 좋으며, 불교도 희망이 될 수 있습니다.

자, 지금부터는 바로바로 영험이 나타나는 참선을 하면 좋겠습니다. 바로바로 효험이 나타나는 기도를 하면 좋겠습니다. 바로바로 그런 기적이 눈앞에서 실현되는 불교공부와 수행을 하면 좋겠습니다. 그렇게 하는 것을 보살행이라 하고, 그렇게 하는 것을 보현행이라고 합니다. 오늘 공부한 '항순중생원' 하나만 제대로 하면 즉각즉각 만사형통입니다. 얼마나 멋집니까. 진정한 여의주이고 도깨비 방망이입니다. 굳건한 확신을 갖고 우리 모두 꾸준하게 정진합시다. 고맙습니다.

11강

보개회향원 普皆廻向願

내가 잘 살면 모두 즐겁다

◉

수행자여! 지은 공덕을 널리 회향한다는 것은,

처음에 부처님께 예배하고 공경하는 것으로부터 중생을 수순하는 것까지의 모든 공덕을 온 세상 모든 중생에게 남김없이 회향하여, 그들이 항상 안락하고 영원히 일체 병고가 없기를 바라며, 악한 일을 하고자 하면 한 가지도 됨이 없고, 착한 업을 닦고자 하면 그 일들이 다 이루어져, 일체 나쁜 곳으로 향하는 문은 닫아 버리고 인간에나 천상에나 열반에 이르는 바른 길은 열어 보이는 것이니라.

또한 중생들이 저마다 지은 여러 가지 악업 때문에 받는 지극히 무거운 일체 고통의 과보는 내가 다 대신 받고, 저 중생들은 모두 해탈하여 마침내 무상보리를 성취하게 하는 것이니라.

◉

◉

보살은 자기가 닦은 공덕을 이렇게 회향하나니, 허공계가 다하고, 중생계가 다하고, 중생의 업이 다하고, 중생의 번뇌가 다하여도, 나의 회향은 다하지 아니하여 순간순간 이어져 끊임이 없고, 몸과 말과 뜻으로 짓는 일에 지치거나 싫어하는 생각이 없느니라.

***

수행자여! 이것이 보살의 '열 가지 대원을 구족하고 원만하게 함이니라.'

만약 어떤 보살이든지 이 대원을 따라 닦으면 일체 중생을 성숙케 함이며, 아뇩다라삼막삼보리에 수순함이며, 보현보살의 한량없는 모든 행원을 원만히 성취함이니, 이러한 까닭에, 수행자여! 너희들은 이 뜻을 마땅히 이렇게 알아야 하느니라.

◉

◉

만약 어떤 사람이 한량없는 일체 세계를 가득 채우는 양의 아주 귀하고 좋은 칠보와, 모든 인간세계와 천상에서 가장 훌륭한 안락함을 가져다가, 저 모든 세계에 있는 중생들에게 보시하고 저 모든 세계에 계시는 불보살께 공양하되, 무한수의 겁을 지내도록 쉼 없이 한다면 매우 큰 공덕을 얻겠지만, 어떤 사람이 이 보현행원을 잠깐 동안 듣기만 하고 얻는 공덕에 비교하면, 백분의 일에도 미치지 못하며, 천분의 일도 되지 못하며, 내지 무한수분의 일에도 미치지 못하느니라.

어떤 사람이 깊은 신심으로 이 대원을 받아 지녀 읽고 외우거나, 나아가 하나의 게송만이라도 쓴다면, 지옥에 떨어질 죄업이 빠르게 소멸되며 몸과 마음의 모든 병과 고뇌와 악업이 다 없어지며, 또한 일체 마군과 야차와 나찰과 악한 귀신들이 다 멀리 달아나거나 혹은 발심하여 가까이 와서 친근하며 수호할 것이니라. 이런 까닭에 보현행원을 외우는 사람은 이 세상을 살아감에 조금도 장애가 없는 것이 마치 구름을 벗어난 달과 같을 것이니라.

◉

◉

그러므로 모든 불보살이 칭찬하시며, 일체 인간과 천상사람들이 마땅히 예배하고 공경하며, 일체 중생이 마땅히 공양하리니, 이 수행자는 훌륭한 사람 몸을 받아 보현보살의 모든 공덕을 원만히 하고, 오래지 않아 보현보살 같은 미묘한 몸을 성취하여 대장부상을 갖출 것이며, 인간이나 천상에 태어날 때는 나는 곳마다 수승한 종족 가운데 나며, 일체 나쁜 길을 다 없애며, 악한 벗은 다 멀리하고, 외도는 다 항복 받고, 번뇌에서 해탈하는 것이 마치 사자왕이 모든 짐승을 굴복시키는 것과 같아서 일체 중생의 공양을 받을 것이니라.

또 이 사람이 임종하는 마지막 찰나에 육근은 다 흩어지고, 친족들은 모두 떠나고, 위엄과 세력은 다 사라지고, 따르던 이들과 머물던 집과 가졌던 모든 재산 따위는 그 무엇 하나도 따라오는 것이 없나니라.

◉

◉

그러나 오직 이 보현행원만은 서로 떠나지 아니하고, 어느 때나 항상 앞길을 인도하여 한 찰나 동안에 극락세계에 왕생하고, 왕생하고 나서는 곧바로 아미타불과 문수사리보살과 보현보살과 관자재보살과 미륵보살 등을 뵙게 될 것이니라.

그때에 이 사람이 연꽃 속에 태어나 부처님의 수기를 받고 나서는 오랜 겁을 지내도록 시방 모든 세계에 널리 다니며 지혜 힘으로 중생들의 마음을 따라 이롭게 하며, 머지않아 마땅히 보리도량에 앉아서 마군을 항복 받고 등정각을 성취하고, 미묘한 법문을 설하여 불찰 미진수 세계의 중생들이 보리심을 발하게 하고, 그 근기와 성질을 따라서 교화하여 성숙시키며, 한량없는 미래 겁이 다하도록 널리 일체 중생을 이롭게 할 것이니라.

◉

◉

수행자여! 누구라도 이 보현행원을 들어서 믿고, 다시 받아 지녀 읽고 외우며, 남을 위해 널리 설한다면, 이 사람이 지은 공덕은 한량이 없나니, 너희들은 이 보현행원을 듣고 의심하지 말지니라.

마땅히 지성으로 받으며, 받고 나서는 잘 읽고, 읽고서는 잘 외우며, 외우고서는 잘 지니며, 나아가 베껴 쓰면서, 남을 위하여 널리 설한다면, 이러한 사람들은 다 한순간에 모든 행원을 성취하며, 그들이 얻는 복의 무더기는 한량없고 가없어서, 고통의 바다에 빠진 중생들을 제도하여, 마침내 생사에서 벗어나 아미타불 극락세계에 왕생하게 되리라.

◉

안녕하세요? 김장은 다들 하셨어요? (대중: 네!)

요즘 불교계가 시끌시끌합니다. 다들 신문과 방송을 통해서 보셨죠? "불교계가 화가 났다.", "불교계가 정부에 강력 투쟁한다."는 등의 이야기를 한다죠.

우리가 왜 불교공부를 합니까? 살아가면서 생기는 내외의 갈등과 대립, 고통과 불행의 문제들을 잘 풀려고 하는 것입니다. 사람들을 화나게 하고 갈등하게 만들고 대립하게 만들고 불화를 조장해서 삶을 더욱 고통스럽고 불행하게 하는 일들이 생길 때, 문제를 잘 파악해서 지혜롭게 처리하고 해결함으로써 삶이 평화롭고 행복해지게 하기 위해 불교공부를 하고 수행을 하는 것입니다. 부처님도 평생을 그렇게 문제를 다루고 해결하면서 사셨고요.

그런데 우리가 아무리 공부하고 기도하고 참선하고 절을 한다고 해도, 실제 삶을 고통스럽고 불행하게 하고 서로 갈등하여 반목하고 싸우게 만드는 문제들을 제대로 못 다루고 못 풀어낸다면 수행이 무슨 소용이겠습니까.

그런 차원에서 생각해 봅시다. 집안의 화합을 깨뜨리고 집안 식구들을 곤욕스럽게 만드는 사람이 있을 때, 우리는 어떻게 해야겠습니까? 당연히 야단을 쳐야겠지요. 그렇지 않습니까. 집안의 화합을 깨뜨리는 사람이 있다면, 그가 누가 됐든 간에 당연히 야단을 쳐야 하지 않겠어요. 야단을 쳐서 못된 버르장머리를 고치도록 해야겠지요. 그래야 집안이 화목하고 편안해지지 않겠습니까. 지금 조계종단이, 불교계가 정부에 대해서 이러쿵저러쿵 하는 것도 바로 그런 취지입니다.

조계종단은 현 집행부가 출범하면서 종단 구성원 모두가 잘 소통하고 화합하는 종단이 되도록 하겠다, 서로 잘 소통하고 화합하는 사회가 되도록 노력하겠다고 했습니다. 그 취지에서 제일 처음 다룬 문제가 '봉은사 문제'였고, 무난히 잘 해결했습니다.

다음으로, 갈등과 대립을 양산하고 있는 4대강 문제를 국민들의 지혜와 마음을 모아 합의점을 찾아서 해결하기 위해 토론회도 열고, 논의기구를 만들어 논의도 했습니다. 정부에서는 국토해양부 장관과 4대강 사업본부장과 여당의 사무총장이, 4대강 문제를 비판하고 반대하는 입장에서는 야당의 최고의원이, 대책위원회에서는 집행위원장 등이 나오고, 기독교의 목사님, 원불교의 교무님, 종단의 스님들이 함께하여 갈등과 대립을 해결하고 화해와 협력으로 4대강 문제를 풀어보자고 논의가 한창 진행 중이었습니다.

불교를 제대로 한다는 것은?

그런데 정부와 여당이 갑자기 4대강 사업 예산을 일방적으로 강행처리했습니다. 국민이 화합하고 사회가 통합할 수 있도록 4대강 예산 문제도 합의해서 해결해 보자고 논의하던 중이었는데 갑자기 일방적으로 움직인 거죠. 정부의 일방적이고 파행적인 일처리는 범종교계와 국민을 무시하고 우롱한 처사입니다. 속된 말로 뒤통수를 친 겁니다. 민주주의를 하지 않겠다는 것과 다름없습니다. 그동안 우리 사회가 애써서 추구하고 이룩해 온 민주주의를 정부와 여당이 앞장서서 짓밟는 행위를 한 거예요. 그러고는 잘했다고 서로 칭찬하고 있습니다. 정부와 여당이 국민 알기를 아주 우습게 알고 있습니다. 그러니까 종단에서 화를 내는 것입니다. 당연히 국민화합과 사회통합을 외면하며 민주주의를 부정하고 함부로 취급하는 정부와 여당의 어리석음과 오만함을 준엄하게 야단치고 두 번 다시 그런 짓을 하지 않도록 해야 하는 것입니다.

그러므로 지금 종단에서 하고 있는 일은 싸움이 아닙니다. 국민화합과 사회통합을 함부로 취급하는 정부와 여당으로 하여금 정신을 차리고 어리석음에서 깨어나도록 하려는 겁니다. 국민과 사회가 화합할 수 있는 국정운영을 해갈 때까지 여러 종교계와 함께 종단이 힘을 쓰겠다는 거죠.

요즘 신문과 방송을 통해 소식을 접하면서 걱정도 들고, '정부와 싸워서 어떻게 될까?' 하고 궁금하기도 하실 것 같아 말씀드린 겁니다. 그리고 이 사안을 통해 불교를 제대로 한다는 것이 무엇일까에 대해 함께 생각해 보면 좋겠다는 생각도 들었습니다.

어때요. 정부든 여야든 종교계든 그 누구든 간에 화합을 깨뜨리는 자가 있으면 야단쳐야겠지요. 그 야단을 누가 쳐야겠습니까? 나라의 주인들이 쳐야 합니다. 나라의 주인이 누구입니까. 대통령인가요? 여당인가요? 아니잖아요. 나라의 주인은 국민입니다. 심부름꾼이 잘못하면 나라의 주인인 국민이 야단을 쳐야 합니다. 나쁜 버르장머리를 고치도록 하는 게 주인의 의무고 책임입니다. 그러므로 오늘의 문제는 총무원장 개인이 아니라 국민이 모두 나서서 해야 하는 일인 것입니다. 나라의 주인인 국민이 정부를 엄중하게 감시하고 혼을 내서 주인의 뜻을 잘 받들어 심부름을 잘하도록 해야 한다는 이야기입니다.

그러면 어떻게 혼을 내야겠습니까? 청와대나 국회 앞에 가서 데모를 해야 합니까? 물론 그렇게 해야 할 때도 있을 겁니다. 하지만 우리 사회는 민주주의가 제도화된 사회입니다. 선거로 대통령과 도지사와 시장과 국회의원을 뽑습니다. 따라서 가능하면 마련된 제도를 통해 의사를 표시하고 문제를 해결하는 것이 좋습니다. 그렇게 보면 우리가 할 수 있는 가장 바람직한 일은 투표를 잘하는 것입니다. 국민을 주인으로 잘 모시고 일할 사람을 뽑아야 합니다. 어떻게 보면 정부와 여당이 저렇게 오만 무례하게 구는 것도 우리가 투표를 야물게 하지 않았기 때문이라고 할 수 있습니다. 정신 바짝 차려야 합니다. 내용을 잘 파악해서 일꾼을 뽑아야 정치가들이 국민을 무섭게 압니다. 그래야 데모할 일도 생기지 않습니다. 나라를 책임지고 일할 사람을 뽑는 일이니 도둑놈인지 아닌지, 큰 도둑놈인지 작은 도둑놈인지 잘 가려서 뽑아야 합니다. 잘못 뽑으면 주인들이 뒤통수 맞는 경우가 생깁니다.

(대중: 골라서 뽑아도 정치권에 들어가면 다들 똑같던데요.)

잘 보십시오. 분명 다릅니다. 어떤 차이가 있을까요? 우리는 보통 "정치인들은 다 도둑놈이야." 그럽니다. "이 놈도 저 놈도 다 도둑놈이야."라고 합니다. 물론 그런 측면이 있습니다. 하지만 잘 관찰해 보면 분명 큰 도둑이 있고 작은 도둑이 있습니다. 100억 훔쳐 먹는 놈이 있는가 하면 10억 훔쳐 먹는 놈이 있다는 거지요. 그래도 100억보다는 10억 훔쳐 먹는 놈이 덜 나쁘지 않습니까.

좋고 훌륭한 사람이 없으면 덜 나쁜 사람을 골라야 합니다. 만일 그렇게 하지 않고 무턱대고 '다 도둑놈'이라고 해버리면 결국 큰 도둑놈 도와주는 꼴이 되어 버립니다. 면밀히 살펴보면 아주 쫓아내야 하는 큰 도둑놈도 있고, 잘 타이르고 야단을 쳐서 일을 잘하도록 해야 하는 작은 도둑놈도 있습니다. 나라와 국민의 삶이 걸려 있는 일이므로 마땅히 그 권리와 의무를 잘 수행해야 합니다.

이런 것을 제대로 하는 것이 주인노릇 또는 불교인노릇을 제대로 하는 겁니다. 어차피 도둑놈을 상대해야 하는 상황이라면 적게 훔쳐 먹을 도둑놈, 덜 나쁜 도둑놈을 골라낼 줄 알아야 한다는 말이죠. 왜 그래야 하는가? 불행하게도 그 사람들이 우리 사회와 내 삶을 좌지우지하기 때문입니다. 잘 보고 잘 골라낼 실력을 기르지 않으면 주인이 주인 역할을 제대로 못하게 되고, 결국 그들의 종노릇을 하게 됩니다. 민주주의도 나라의 주인인 국민이 주인 역할을 제대로 할 때 가능한 것이고, 주인이 주인 역할을 제대로 해야 주인 대접도 받는 겁니다.

회향이란 무엇인가?

오늘 공부할 내용은 보현십대행원의 열 번째 보개회향원普皆廻向願 즉 "널리 두루 회향하는 삶을 살겠습니다."입니다. 본래부처의 세계관인 인드라망 논리로 바꾸면 "모든 인드라망 존재들께 두루두루 회향하는 삶을 살겠습니다."가 됩니다.

보개회향원普皆廻向願을 직역하면 '널리 두루두루 다 회향하겠다는 서원'입니다. 풀이를 하면 "내가 쌓은 공덕을 모든 이웃들께 두루두루 이익이 되도록 돌리겠습니다."라는 뜻입니다. 내가 애써서 좋은 마음으로 열심히 좋은 일을 했는데 그 공덕을 내 것으로 거머

쥐지 않고 모든 중생들에게 골고루 이익이 되도록 하겠다는 겁니다. 그 어떤 것도 사유화하지 않고 모두와 함께 누리겠다는 마음가짐과 실천입니다.

절에 다니면서 '회향'이라는 말을 많이 들으셨고 실제 많이 사용하기도 하지요? 천일기도 회향법회, 법당준공 회향법회, 탑불사 회향법회 등 주로 무엇인가를 끝내는 의식을 나타내는 뜻으로 '회향'이라는 말을 많이 사용합니다. 굳이 '끝낸다'는 의미로 쓴다면, '잘 완성시켰다', '완성되었다', '잘 끝냈다', '훌륭하게 끝냈다'는 의미로 써도 크게 틀린 것은 아니지만, 본래 뜻을 충분히 드러냈다고 할 수는 없습니다. 그렇다면 회향의 온전한 뜻은 무엇일까요? 보현행원의 하나인 '회향'의 본뜻이 어떤 내용인지 함께 생각해 보도록 하겠습니다.

먼저 오늘 우리가 함께 공부할 보개회향원을 광덕 스님의 풀이로 읽어 보겠습니다.

> 지은바 모든 공덕을 널리 중생에게 회향하겠습니다.
> 부처님께 예배하고 공경하며, 모든 부처님을 찬양하며,
> 내지 모든 중생을 수순한 것까지의 모든 공덕을
> 일체 중생에게 남김없이 회향하겠습니다.
> 바라옵건대 모든 중생이 항상 안락하여지이다.
> 일체 병고는 영영 소멸하여지이다.

악한 일을 하고자 하면 하나도 이루어짐이 없고,

착한 일을 하고자 하면 빠짐없이 성취하여지이다.

저들이 나아가는 곳에 일체 악취의 문은 모두 닫히고,

인간에나 천상에나 열반에 이르는 바른 길은 활짝 열려지이다.

저 모든 중생들이 무시겁래에 쌓은 악업으로 인하여

한량없는 고통을 받게 되옵거든

제가 그들 대신 그 고통을 받겠사옵니다.

바라옵나니 저 모든 중생이 모두 해탈하여 깨달음을 성취하여지이다.

제가 지은 모든 공덕은 일체 중생의 공덕이 되어

저들의 미혹한 마음이 활짝 밝아지며,

불보살이 이루신바 모든 공덕을 수용하고

불국토의 청정광명을 영겁토록 누려지이다.

옛 불보살이 이러하셨으며, 오늘의 불보살이 이러하시오매,

저희들의 회향도 또한 이러하옵니다.

뜻을 간추려 한글로 간결하게 정리하셨습니다. 들어 보니 어떻습니까? (대중: 어려워요.)

참 걱정입니다. 쉽게 정리했는데도 사람들은 여전히 어렵다고 느낀단 말이죠. 정말 어떻게 해야 할까요? 가르치는 사람도 배우는 사람도 더 공부하는 것 말고는 특별히 뾰족한 수가 없을 듯합니다.

제가 오늘로 보현행원을 열 번째 이야기하고 있는데, 처음부터 끝

까지 일관되게 중심으로 세운 것이 있습니다. 그게 무언지 아시겠어요? 다른 것은 다 잊어도 그것만은 잊으시면 안 됩니다. '본래부처'라는 말 기억나세요? 인격적으로는 '본래부처'라는 개념이 좋고, 논리적으로는 '본래 있는 법'이라는 개념이 좋습니다. 보현보살의 열 가지 행원을 통해 말하고자 하는 바를 한 문장으로 말하면, "우리 모두 본래 있는 법으로 태어난 본래부처니까 지금 바로 본래부처로 행동하고 살자."입니다. 여러 가지 표현으로 되어 있지만 내용은 다르지 않습니다. 부처니까 부처답게 행동하자, 부처답게 살자는 거지요.

배고프면 밥 먹고 졸리면 잠자는 부처

그럼 어떻게 하는 것이 부처답게 행동하고 사는 것일까요?

올해 내내 함께 공부한 내용인 보현보살의 십대행원이 그대로 깨달음행이요 부처행입니다. 열 가지로 된 보현행원을 둘로 나눠 보면, 하나는 스스로 부처라는 사실을 알고 부처로 사는 것이고, 다른 하나는 내가 만나는 사람들도 부처라는 사실을 알고 부처로 대접하며 사는 것입니다.

부처라는 말이 무슨 뜻인가요? 한마디로 최고라는 거죠. 존재 자체가 본래부터 완성되고 거룩한 존재라는 겁니다. 착하고 착하지 않고에 관계없이, 깨닫고 깨닫지 않고에 관계없이, 부처고 중생이고에 관계없이, 돈이 있고 없고에 관계없이, 지식이 있고 없고에 관계없이, 학벌이 있고 없고에 관계없이, 키가 크고 작고에 관계없이, 남녀에 관계없이, 권력의 유무에 관계없이 그렇다는 겁니다.

임제 선사는 말합니다.

"부처님이 어떻게 생겼을까. 두 눈으로 보고 두 발로 걷고 그래. 부처님이 어떻게 살까. 배고프면 밥 먹고 졸리면 잠자고 그래. 그대와 같은가 다른가."

또 말합니다.

"두 눈으로 볼 줄 알고 두 귀로 들을 줄 알고 두 발로 걸을 줄 알고 부르면 대답할 줄 알고 부처는 이런 사람이야. 얼마나 대단한가. 그 무엇이 부족하고 불완전한가. 이만하면 충분하잖아. 그대는 어떤가."

어떻습니까? 본인과 비교해 보십시오. 여기에 해당되지 않는 분 계시면 손들어 보세요. 부처님도 마찬가지예요. 헛소리같이 들리나요? '나는 두 발이 있고 두 눈이 있어도 사는 게 고달파 죽겠는데, 그런 헛소리가 어디 있어'라는 생각이 들어요? 생각으로는 그럴 수 있습니다. 그런데 실제로도 그럴까요? 한번 확인해 보겠습니다.

대부분의 사람들이 서울대학교 나온 것을 최고로 치지요. 그러면, 서울대학교 졸업장과 사랑하는 아들딸의 목숨을 바꾸자면 바꾸시겠습니까? 대통령은 가장 막강한 권력의 자리입니다. 대통령 자리와 내 아들딸의 두 눈을 바꿀 수 있겠습니까? 사람들이 돈 많은 직장으로 삼성을 꼽습니다. 한국사회를 좌지우지하는 삼성의 대표이사 자리와 내 아들딸의 손발을 바꿀 수 있겠습니까? 절대 그럴 수 없지요.

왜 그렇습니까? 인간의 존재, 인간의 생명보다 더 중요하고 거룩한 것이 있지 않기 때문입니다. 생각이나 말이 아니라 구체적 사실과 진실을 확인해 보면 우리가 그냥 생각하는 것과는 전혀 다릅니다. 세상에서 최고가 뭐입니까? 지금 여기에 한 인간으로 존재한다는 것입니다. 얼마나 대단합니까. 그 무엇과도 비교할 수 없고, 그 어떤 것으로도 대신할 수 없고, 그 무엇과도 바꿀 수 없는 것입니다. 존재의 실상을 깨달은 부처님은 일찍이 '천상천하유아독존', '본래부처'라고 설하셨습니다.

어떻습니까. '유아독존 본래부처'가 나만 그렇습니까? 내가 만나는 상대들도 모두 그렇습니다. 내 가족, 이웃, 친구, 동료들도 다 그렇습니다. 우리 모두는 아무런 차별도 없이 본래 존재 자체가 대단합니다. 그러므로 우리가 학벌이 없다고 해서, 키가 좀 작다고 해서, 돈이 없다고 해서, 권력이 없다고 해서 기죽을 이유가 없는 것이지요. 당당하게, 무한한 만족감과 무한한 자부심으로 살아야 마땅합니다. 그 누구도 나를 대신해 당당하게 살아 줄 수 없습니다. 스스로 만족감과 자부심으로 당당하게 살지 않는 한, 하느님도 부처님도 어찌할 수 없다는 이야기입니다.

어울림이 극락이다

세상은, 삶은 온통 인드라망 관계로 이루어졌기 때문에 혼자만 당당하게 살 수도 없고 살아도 안 되게 되어 있습니다. 마땅히 삶의 동반자들도 그렇게 살도록 해야 옳습니다. 사회적으로 누구나 본래부처의 삶을 살도록 해보자는 것이 민주주의입니다. 내가 만나는 사람들이 모두 대단한 존재임을 알고, 그에 어울리게 존중하고 배려하고 모시는 마음과 태도로 항상 살아야 합니다. 그것이 본래부처행입니다.

본래부처행은 내가 본래부처답게 다른 사람들을 본래부처로 지극하게 잘 섬기고 모시는 것입니다. 내가 만나는 사람들도 본래부처니 정성스럽게 존중하고 배려하고 고마워하는 마음과 태도로 모시고 섬겨야 한다는 것입니다. 늘상 본래부처에 대해 깨어 있고 늘상 본래부처로 마음 쓰고 살면 삶이 수행이고 수행이 삶이 됩니다.

만약 우리가 그렇게 살아간다면 삶이 어떻게 되겠습니까? 내가 천하에 가장 거룩한 존재라는 자각과 확신이 있으면 스스로의 삶이 만족스럽고 무한한 자부심을 가질 수 있겠지요. 자기 삶에 대한 만족과 자부심을 갖는 것이 바로 행복입니다. 또 상대를 본래부처로 존중하고 배려하고 고마워하고 잘 모시는 사람, 그렇게 마음 쓰는 사람은 당연히 괜찮은 사람이겠지요. 또 존중받고 모심을 받는 사람들도 당연히 기분이 좋겠지요. 자연스럽게 서로서로 화목해지고 평화로워지지 않겠습니까. 평화롭고 행복한 삶을 살 수 있는 사회를 우리는 '불국토다, 극락세계다' 그럽니다. 그 밖의 불국토와 극락세계가 어디 따로 있겠습니까. 있다 하더라도 필요가 없지요.

오늘 보현행원품의 마지막 시간인데, 기본적인 핵심을 잊지 말자는 마음에서 전체를 개괄해 봤습니다.

'예경제불'로 시작해서 열 번째 '보개회향'까지 했는데, 정해진 순서가 있는 것이 아닙니다. 1번이 제일이고 10번이 꼴찌인 것이 아니라는 말이죠. 보현행원 하나하나가 똑같이 다 중요합니다. 그 이유는 열 가지 모두 부처행으로 실천되는 것이기 때문입니다. '부처님께 절을 올리겠습니다예경제불원'라고 하는 것도 본래부처행을 실천하는 것이고, '널리 부처님께 공양 올리겠습니다광수공양원'라고 하는 것도 본래부처행을 실천하는 것이고, '두루두루 회향하겠습니다보개회향원'라고 하는 것도 본래부처행을 실천하는 것입니다. 그렇기 때문에 선후가 있거나 경중이 있지 않습니다. 다만, 절을 할 필요가 있을 때는 부처행으로 절을 하는 것이고, 회향할 필요가 있을 때는 부처행으로 회향하는 것이지요.

나 살기도 벅친데 어떻게 중생을 위해 살아

다시 오늘 주제로 돌아와서 하나하나 짚어 보겠습니다.

왜 회향해야 할까요? 누구를 위해 회향해야 할까요?

사람들은 대부분 중생을 위해 회향해야 한다고 생각합니다. 사람들은 자신을 위해서 뭘 하는 것은 당연하다고 여기고 크게 어려워하지 않습니다. 그런데 이웃과 중생을 위해서 뭘 한다고 하면 뭔가 특별한 내 것을 내놓아야 하는 것으로, 손해 보는 것으로 여기며 무척 힘들어 합니다. 회향에 대해서도 마찬가지일 겁니다. 내가 할 수 있는 일이 아니라고 미리 마음을 닫아 버리는 경우도 있을 겁니다. 인지상정이지요. 하지만 내용을 제대로 짚어 보면 '자기를 위한다'는 말과 '중생을 위한다'는 말은 내용 면에서 서로 다르지 않습니다. 다만 우리들이 내용을 온전하게 이해하지 못하다 보니 중생을 위한다는 것은 나에게 이익이 없는 것 같고, 나를 위한다고 하면 중생과 관계없는 것처럼 생각하게 되어서 혼란스러운 것이죠.

한번 찬찬히 짚어 봅시다. 본래 있는 법인 인드라망연기법 정신 또는 본래부처의 정신으로 실천된 것이면, 그 행위가 나를 위한 것이더라도 그 결과는 나뿐 아니라 다른 사람에게도 이익이 됩니다. 다른 사람을 위해 행위를 한 경우에도 상대에게 유익할 뿐 아니라 자신에게도 유익한 결과가 따릅니다. 절대 분리되거나 선후로 나뉘지 않습니다. 동시에 이루어집니다. 자타에 함께 유익합니다. 왜 그렇게 될까요? 법이 그러하기 때문입니다.

대승불교의 탁월함이 바로 여기에 있습니다. 초기불교가 중생이 수행해서 깨닫자고 하는 불교라면, 대승불교는 본래부처니 바로 부처로 행동하고 살자는 불교입니다. 초기불교가 자기 홀로 불교라면 대승불교는 너와 내가 함께하는 불교입니다.

다시 짚어 봅시다. 누구를 위해 회향하는가? 자기를 위해 회향합니다. 자기를 위해서 중생에게 두루두루 회향하는 겁니다. 어떠세요? 자기를 위해 회향한다고 하면 '한번 해볼까?' 하는 마음을 내기가 쉽겠지요. 그런데 중생을 위해 회향한다고 하면 '내 삶도 제대로 못 살고 있는데 어떻게 중생을 위해 살아!' 하는 마음이 들잖아요. 그렇죠? (대중: 웃음)

초기불교 경전에 나오는 '자귀의 법귀의自歸依 法歸依', '자등명 법등명自燈明 法燈明'이라는 구절이 이와 통합니다. 무슨 말인고 하니 '내가 행동한다'거나 '내가 실천한다' 고 하는 것은 자기를 귀의처로 삼고〔自歸依〕 자신을 등불로 삼는다〔自燈明〕는 뜻입니다. '법대로'라거나 '부처님처럼'은 법을 귀의처〔法歸依〕로 삼고 법을 등불로 삼는다〔法燈明〕는 뜻이고요.

지금까지 설명해 온 회향의 내용이 실제로는 어떤 것일까요? 인드라망 무늬로 설명하겠습니다.(25쪽 그림 참조)

태양을 봅시다. 태양은 어떻게 하고 있습니까. 열심히 빛과 열을 내고 있습니다. 누구를 위해서 그러는가요? 스스로 자기답게 존재하고 자기답게 역할을 하고 있는 겁니다. 그 결과는 어떤가요? 태양은 태양으로서의 개성과 가치가 빛납니다. 동시에 그에 의지하여 삼라만상이 태어나고 꽃피고 열매 맺으며 살아갑니다. 그뿐입니까. 부처님도 태어나고 깨닫고, 우리도 태어나고 살아가고 합니다. 태양은 빛도 열도 기능도 자기만의 것으로 삼지 않습니다. 온 우주의 모두와 골고루 함께합니다. 두루 함께함으로 두루 완성되고, 균형과 조화를 이루어 살아갑니다. 회향의 의미가 확연하게 잘 나타나 있습니다.

당신이 있어서 참 좋다

이제 지금 여기 현실로 내려와 봅시다. 보현행이 무엇입니까? 나도 본래부처로 살고 이웃들도 본래부처로 잘 모시고 사는 것입니다. 부처로 살고 부처로 모시고 살면 평화롭고 행복해집니다. 대단히 훌륭하고 좋습니다. 이보다 더 좋은 일은 없습니다. 그 좋은 일을 스님들만, 불교인들만, 절에서만 누리면 되겠습니까. 만일 그렇게 한다면 보현행도 아니고 회향도 아닙니다.

마땅히 실상사 이웃과 실상사가 있는 산내면 주민들도 그 삶을 함께 살고 함께 누리게 해야 옳지요. 그렇게 서로서로가 부처로 빛나고 화목하고 평화롭게 살아가는 마을이 되어야 하지 않겠습니까. 저는 우리가 보현행원의 삶을 구체적인 현장에서 이런 내용과 모습으로 실현해 내는 것만이 불교와 실상사와 자신이 발전하는 길이며, 산내면 주민과 국민들이 함께 희망을 가꾸는 길이라고 봅니다. 그러면 미래도 저절로 희망으로 채워지겠죠.

보개회향 즉 널리 중생들에게 두루두루 회향한다고 해서 세상 전체를 어떻게 해보겠다고 하는 건 너무 막연한 꿈입니다. 모든 중생을 다 구제해야 한다고 하는 것도 너무 거창하고요. 그보다 내가 사는 동네에서 보현행원의 삶을 실현하기 위해 노력하는 것은 한번 해볼 만합니다. 항상 자신이 있는 자리에서 시작하는 겁니다.

보현행원을 다른 말로 표현하면, 나의 행동과 삶이 내가 만나는 사람들에게 감동을 주고 좋은 영향을 끼칠 수 있게 사는 것입니다. 그러니 실상사와 인연 있는 우리들이 보현행원의 뜻을 내고 원을 세워서 산내면 주민들이 감동하게 살아 보면 어떻겠습니까. 사실 어렵지 않습니다. 마음을 내어 정진하면 되는 일입니다. 보현행원대로 생각하고 말하고 마음 쓰는 것이지요. 본래부처로 사고하고 말하고 행동하는 겁니다. 구체적으로는 여러분 집에서 식구들이 감동과 감화를 받도록 살고, 조금 확대한다면 이웃들이 감동과 감화를 받도록 살아보는 거죠.

그렇게 하면 산내면 주민들의 마음속에 '야, 우리 산내면에 실상사가 있어서 참 좋다', '우리 산내면에 불교인들이 살아서 참 고맙다'라는 생각이 들겠죠. 산내면 주민들이 불교신자가 되고 안 되고는 중요한 게 아닙니다. 그분들이 교회를 다니든 성당을 다니든 절에 다니든 혹은 아무데도 안 다니든 관계없이, 실상사라는 절이 있어서 실상사 스님들이 계셔서 또는 실상사에 다니는 불교인들이 있어서 참 좋다, 고맙다, 자랑스럽다는 마음이 들도록 사는 것이 중요합니다. 모르긴 몰라도 그렇게 하면 굳이 종교를 바꾸지 않는다 해도 저절로 절에 오고 싶어질 것입니다.

어떻습니까. 세상 전체, 나라 전체를 대상으로 하기에는 너무 벅차지만 이 정도는 마음만 먹으면 가능하지 않을까요? (대중: 웃음) 이렇게 알고 믿고 실천하고 활동하는 것이 불교수행이고, 불교신행이고, 보살행이고, 보현행입니다. 그리고 만일 산내면이라고 하는 하나의 세계를 서로서로 부처로 존중하고 배려하고 고마워하면서 사는 그런 사회로 가꾼다면 그게 바로 불교 이상의 실현이요 불국토인 것이며, 우리가 찾는 불교적 대안, 사회적 대안인 것입니다.

적어도 우리가 불교수행, 불교신행의 생활과 활동을 하려면 그렇게 해야 하지 않겠습니까. 그런 삶, 그런 사회를 가꾸는 행위가 바로 본래부처행이고, 보현행원의 하나인 '회향'입니다. 그렇게 실천해야만 우리의 활동이 진정 완성될 수 있습니다.

회향은 단순히 끝낸다는 의미가 아니고 내가 활동하고 있는 내용들이 제대로 완성되도록 하는 것입니다. 그렇기 때문에 회향의 정신은 대단히 중요합니다. 그것은 허공계가 다하고 중생계가 다할 때까지 실천되고 또 실천되고 끝없이 계속 실천되어야 하는 것입니다. 마치 숨을 들이쉬고 내쉬듯이 말입니다. 숨을 들이쉬고 내쉬는 데 시작과 끝이 있습니까? 오늘까지만 하고 그만해도 된다는 게 없지 않습니까. 끊임없이 해야 하는 거지요. 매순간순간 숨 쉬듯이, 허공계가 다하고 중생계가 다하도록 회향을 실천해야 합니다. 숨 쉬듯이 한다는 것은 늘 해야 한다는 것입니다. 그렇게 하는 것이 불교수행의 생활화입니다.

우리가 3월부터 지금까지 보현보살의 열 가지 행원을 가지고 함께 공부했습니다.

여러분의 눈빛을 보면 듣는 순간에는 이해하시는 것 같아요. 그렇지요? 그런데 이 방을 나가면 잊어버리기도 하고, 또 잘 모르겠고 그렇지요?

그러나 기억이 잘 안 나거나 명확하게 이해되지 않는다고 하여 실망하거나 좌절할 필요는 없습니다. 듣는 순간 진심으로 이해하고 진심으로 깊이 공감하면, 그것이 나도 모르게 내 사상이 되고 정신이 되고 피가 되고 살이 됩니다. 콩나물시루에 물을 부으면 물이 다 새 나가는 것 같지만, 그래도 콩나물이 자라나는 것과 같습니다. 안개 속을 거닐다 보면 처음에는 옷이 젖는 줄 모르지만 오래도록 걷다 보면 옷이 축축하게 젖는 것과 같습니다.

그러니까 비록 이 방에서 나가는 순간 다 잊어버리거나 내용이 헷갈리더라도 그것 때문에 좌절하거나 포기하지 마십시오. 그냥 이 자리에서 이 순간 진심으로 그 내용을 이해하고 공감하면 그것만으로도 충분히 내 인생이 훨씬 더 건강하고 아름답고 풍부해집니다. 앞으로도 그런 확신을 가지고 정진하시기를 바랍니다. 고맙습니다. (대중: 큰 박수)

강의를
마무리하며

우리
모두
주인공입니다

고맙고 고맙습니다.

『화엄경』에 「세주묘엄품」이라는 마당이 있습니다. 주로 화엄법회가 어떻게 완성되고 있는가에 대해 설명하는 무대입니다.

「세주묘엄품」은 『화엄경』 전체로 보면 서론에 해당하기도 하고 총론의 성격을 띠기도 하는 첫 마당입니다. 간단하게 말씀드리면 "이 세상 그 어디 그 무엇도 분리 독립되어 홀로 존재하는 것은 없다. 온통 서로 의지하고 영향을 주고받는 관계 즉 그물의 그물코처럼 존재한다." 그러므로 "행위가 있을 뿐 행위자는 없다.", "자신이 행동하는 대로 그 삶이 창조된다."고 하는 부처의 말씀처럼 "본인이 어떤 의도로 생각하고 말하고 행동하느냐에 따라 그 삶이 창조된다.", "세상의 주인, 자신의 주인은 본인이다. 본인이 도둑질하면 도둑인생 되고 부처짓 하면 부처인생 된다. 삶이란 그 이상도 그 이하도 아니다. 그러므로 언제 어디에서나 항상 정신 바짝 차려서 부처짓인 대비원력으로 생각하고 말하고 행동하고 살라. 그러면 그 삶이 자유롭고 평화롭고 행복하다."는 이야기입니다.

한 해 동안 보현십대행원을 주제로 법회를 하면서 "비록 부처라 해도 따로 혼자 완전하게 할 수 있는 것은 아무것도 없다."고 하는 『화엄경』의 가르침을 거듭 실감했습니다. 기세간器世間, 자연을 떠나서는 부처도 중생도 살 수 없습니다. 또 부처와 중생을 떠난 기세간은 무의미하고, 기세간과 부처가 없는 중생은 절망입니다. 중생을 떠나서는 부처가 탄생할 수도 존재 의미를 가질 수도 없습니다. 그 누구도 그 무엇도 분리 독립되어 나 홀로 존재할 수도 의미를 가질 수도 없는 것입니다.

마찬가지로 실상사의 보현십대행원 법회도 실상사기세간와 법사지정각세간와 참여대중유정세간 중 한 가지만 빠져도 성립할 수 없습니다. 기세간과 지정각세간智正覺世間, 깨달은 사람들과 유정세간有情世間, 생명의 존재들이 서로서로 원융무애하고 서로서로 장엄함으로 아무런 차별이 없습니다. 역시 오늘 화엄 법회의 주인공인 실상사와 법사와 대중도 원융무애하고 상호 장엄하므로 조금의 차별도 있지 않습니다. 그야말로 중생의 스승이 부처고 부처의 스승이 중생이듯이, 오늘의 실상사 법회에서 제가 법사일 수 있는 것도 오로지 실상사와 참여대중인 여러분들의 덕택입니다. 실상사와 여러분이 없는 법사는, 생각이나 말이나 글로는 있을 수 있지만 구체적 사실로는 있을 수 없습니다.

우리 모두 21세기 화엄 법회인 실상사 법회를 창조하고 완성시킨 자랑스러운 주역이요 동반자입니다. 우리 모두 서로를 찬탄 격려하고 함께 기뻐하십시다. 형식으로만 보면 제가 가르치고 여러분이 배우는 것으로 되어 있지만, 실제 내용으로는 오히려 여러분 덕택에 제가 공부 많이 해서 실력도 늘었고 큰 도움도 받았습니다. 연기적으로 이루어진 우리 세상, 우리 삶이 참으로 오묘하기 그지없습니다. 거듭 감사드립니다.

여러분에게도 보현십대행원을 주제로 한 실상사 법회가 도움이 되면 좋겠다는 마음 간절합니다만, 실제 어땠는지는 모르겠습니다. 저는 법회를 할 때 힘들고 귀찮기도 했지만 결과적으로는 참 좋은 시간을 보냈습니다. 여러분도 저처럼 좋은 시간이었으면 하는 마음과 함께 거듭 고맙고 고맙다는 말씀을 드리면서 마지막 법회를 끝내겠습니다. 모두 평화롭고 행복하십시오. 마하반야바라밀!

도법 스님의 화엄경 보현행원품 강의

망설일 것 없네 당장 부처로 살게나

2011년 10월 17일 초판 1쇄 발행
2025년 2월 17일 초판 9쇄 발행

지은이 도법
발행인 박상근(至弘) • 편집인 류지호 • 편집이사 양동민
편집 김재호, 양민호, 김소영, 최호승, 정유리 • 디자인 쿠담디자인
제작 김명환 • 마케팅 김대현, 김대우, 이선호, 류지수 • 관리 윤정안
콘텐츠국 유권준, 김희준
펴낸 곳 불광출판사 (03169) 서울시 종로구 사직로10길 17 인왕빌딩 301호
대표전화 02) 420-3200 편집부 02) 420-3300 팩시밀리 02) 420-3400
출판등록 제300-2009-130호(1979. 10. 10.)

ISBN 978-89-7479-647-1 (03220)

값 17,000원